Werner & Ulli Bomans

Bad und Dusche

Badewanne und Toilette
Duschwanne und -abtrennung
Waschbecken und Waschtisch

Dähne Verlag

Die Autoren haben alle Angaben nach dem aktuellen Stand der Technik sorgfältig geprüft. Dennoch kann keine Haftung für den Inhalt übernommen werden. Bei Verwendung von Materialien oder Werkzeugen in Zusammenhang mit den beschriebenen Arbeiten und Arbeitsschritten sind im Zweifel die Herstellermontageanleitungen oder Bedienungsanleitungen vorrangig.

Unsere Anleitungen und Tipps entbinden den Leser nicht von der Verpflichtung zur umsichtigen und sorgsamen Arbeitsweise und der vorherigen kritischen Prüfung der eigenen handwerklichen Leistungsfähigkeit. Im Zweifel raten wir daher, die dargestellten Arbeiten und deren Arbeitsschritte von Fachhandwerkern vornehmen zu lassen.

Duschwanne und -abtrennung

6 Duschwanne und -abtrennung
8 Dusche einbauen
10 Acrylwanne auf Füßen
13 Wannendichtband
14 Stahlwanne mit Wannenträger
18 Duscharmatur und Brausestange
22 Linien- und Punktentwässerung
24 Dusche mit Linienentwässerung
28 Dusche mit Punktentwässerung
32 Duschabtrennung
38 Arbeiten mit Sanitärsilikon

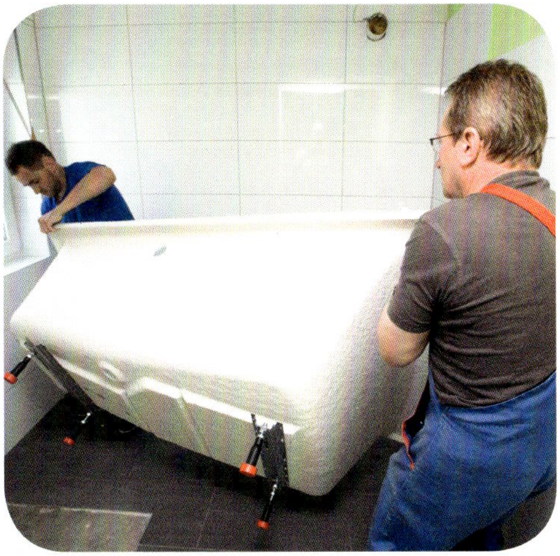

Badewanne

40 Badewanne einbauen

Toilette

48 Toilette einbauen
55 Werkzeug zum Einbau von Sanitärobjekten

Waschbecken und Waschtisch

58 Waschbecken mit Wandmontage
64 Waschtisch aus Bauplatten
72 Waschbecken auf Waschtischplatte wandhängend
75 Wandarmatur
76 Häufig gestellte Fragen
77 Werkzeug

78 Stichwortverzeichnis

Über dieses Buch

Ob Neubau oder Altbau, besonders Bäder haben sich in den letzten Jahren von der Nützlichkeit zum Wohlfühlen verändert.

Ob Toilette, Dusche, Wanne oder elegante Waschtische – der Handel hält viele Bausätze für den Heimwerker bereit und in diesem Buch finden Sie die detaillierte Anleitung, daraus ein attraktives Bad zu gestalten.

So nutzen Sie die Anleitungen

Die umfangreichen Anleitungen und Empfehlungen der Autoren werden Ihnen einen guten Überblick verschaffen. Dennoch hängen viele Arbeitsschritte von den jeweils verwendeten Materialien und den individuellen Voraussetzungen vor Ort ab und können dadurch in der praktischen Anwendung abweichen.

Die einzelnen Arbeitsschritte sind so aufgebaut, dass Sie durch die Grafiken zu einem raschen Überblick gelangen. Weitere Erläuterungen finden Sie in den ergänzenden Sprechblasen. Tiefer in die Materie führt dann der beschreibende Text.

Beispiel

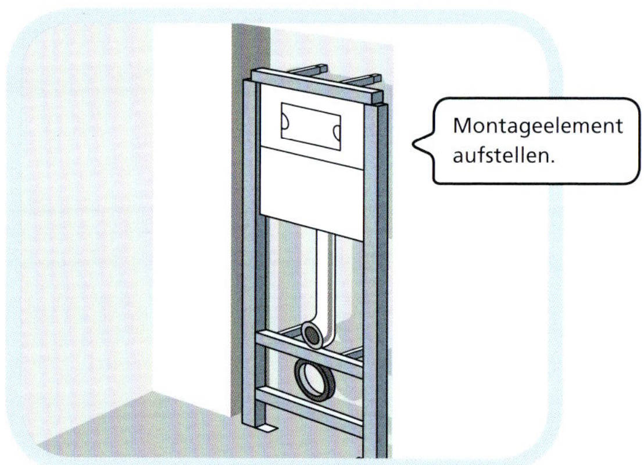

Beachten Sie die Expertentipps

Zusätzliche Tipps und Tricks haben wir als Expertentipp hervorgehoben, weil wir glauben, dass diese Ihnen zu noch besseren Ergebnissen, zu rationellerem Vorgehen und zu mehr Sicherheit verhelfen werden. Häufig sind es nur Kleinigkeiten, an die Sie vielleicht noch nicht gedacht haben. Aber oft sind es gerade diese „Kleinigkeiten", die ausschlaggebend für den Erfolg sind.

Expertentipp

Wenn trotz aller Planungen keine geeignete Duschabtrennung zu finden ist, besteht auch die Möglichkeit einer Sonderanfertigung. Es ist keine Seltenheit, dass eine Duschabtrennung z.B. unter einer Dachschräge aufgebaut werden muss. Es gibt für viele Fälle geeignete Lösungen der verschiedenen Hersteller. Fragen Sie einfach im Handel nach oder besuchen Sie einen Duschkabinen-Konfigurator. Wenn man selbst in der Lage ist, die individuelle Einbausituation auszumessen, kann man damit schnell eine Lösung finden und den Preis dazu erfahren.

Fragen und Antworten

Die Autoren haben im Laufe ihrer Arbeit viele Fragen beantwortet – die wichtigsten geben sie hier weiter. Falls dennoch Fragen offen bleiben sollten, bekommen Sie in den Bau- und Heimwerkermärkten sowie den speziellen Fachmärkten Ratschläge für Ihr spezielles Vorhaben.

Werkzeuge im Überblick

Am Schluss des jeweiligen Kapitels finden Sie eine Werkzeugübersicht passend zu den vorgestellten Arbeitsschritten. Nicht in jedem Fall werden alle dargestellten Werkzeuge benötigt. Das hängt vom verwendeten Material oder vom herstellerbedingten Arbeitsverfahren ab. Dennoch ist diese Übersicht wertvoll, denn dadurch können Sie schnell beurteilen, was noch fehlt und besorgt werden muss. Nichts ist ärgerlicher, als während des Arbeitens festzustellen, dass z.B. eine Bohrmaschine fehlt.

Dusche einbauen	8
Acrylwanne auf Füßen	10
Wannendichtband	13
Stahlwanne mit Wannenträger	14
Duscharmatur und Brausestange	18
Linien- und Punktentwässerung	22
Dusche mit Linienentwässerung	24
Dusche mit Punktentwässerung	28
Duschabtrennung	32
Arbeiten mit Sanitärsilikon	38

Duschwanne und -abtrennung

Auf den folgenden Seiten zeigen wir Ihnen vier Varianten, wie Sie eine Duschwanne montieren können: Eine Acrylwanne auf Wannenfüßen, eine Stahlwanne mit Wannenträger, eine Dusche bodengleich mit Linienentwässerung und mit Punktentwässerung. Je nachdem, welche Ansprüche Sie haben bzw. welche Bedingungen Sie in Ihrem Badezimmer vorfinden, dürfte eine Variante genau die richtige sein.

Typische Einbausituation bei Renovierungsarbeiten. Für den Warm- und Kaltwasserzulauf werden Schlitze ins Mauerwerk gestemmt und die Leitungen verlegt.

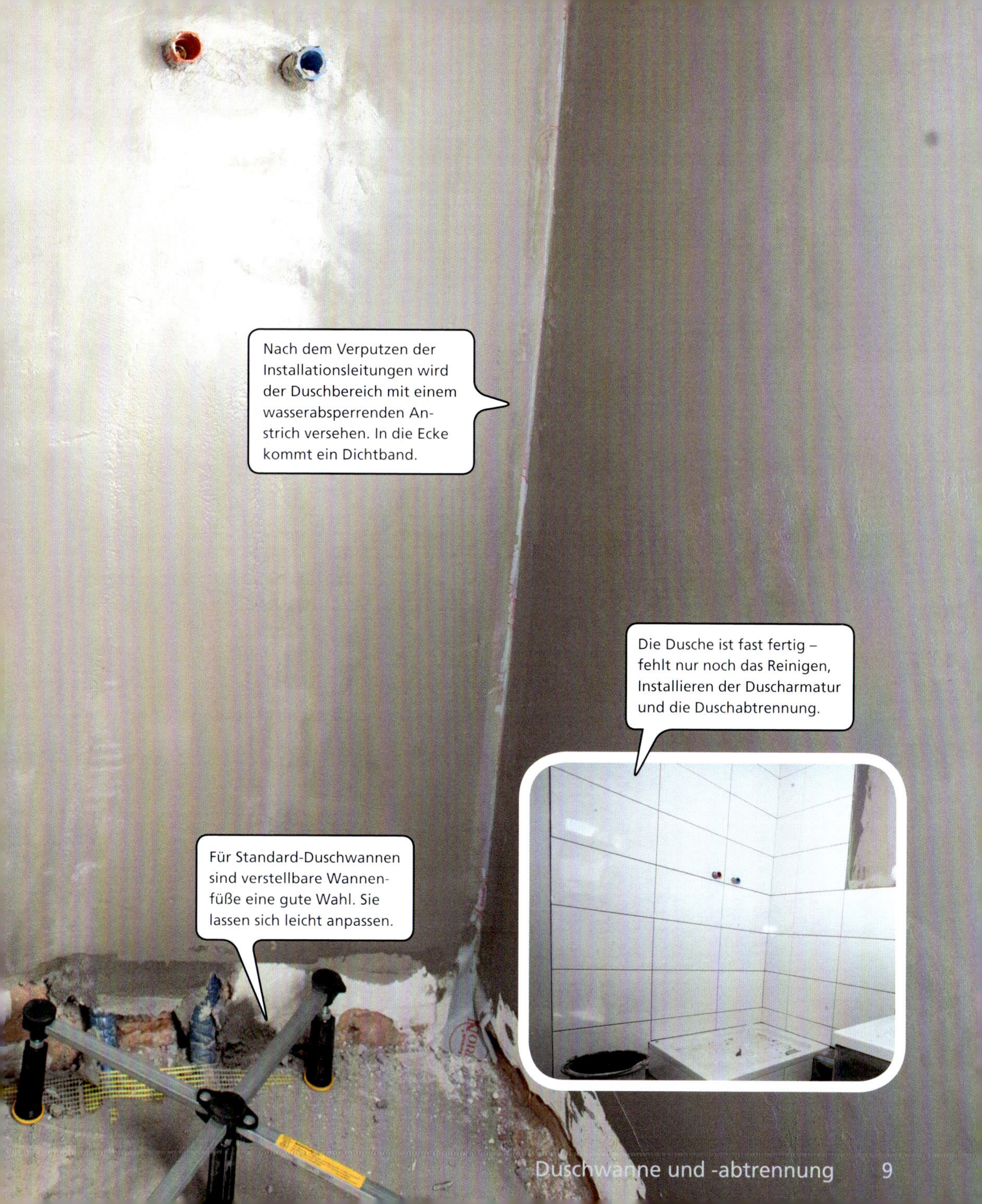

Nach dem Verputzen der Installationsleitungen wird der Duschbereich mit einem wasserabsperrenden Anstrich versehen. In die Ecke kommt ein Dichtband.

Für Standard-Duschwannen sind verstellbare Wannenfüße eine gute Wahl. Sie lassen sich leicht anpassen.

Die Dusche ist fast fertig – fehlt nur noch das Reinigen, Installieren der Duscharmatur und die Duschabtrennung.

Acrylwanne auf Füßen

1

Vor dem Installieren der Wanne sollten folgende Vorkehrungen getroffen werden: Der Wandanschluss des Ablaufs muss hergestellt sein und der Fliesenbelag wird bis zur letzten Reihe über der Duschwanne angebracht (die Fläche wird noch nicht verfugt.)

2

An der Acrylwanne werden meist die Standfüße an der Unterseite angeschraubt. Die Duschwanne wird hierfür umgedreht auf einen Karton gelegt, damit die Standfüße einfach an den vorgesehenen Stellen fixiert werden können. Verwenden Sie stets die Originalschrauben mit der richtigen Länge.

Acryl- oder Stahlwanne

Die beiden Wannensorten haben jeweils Vor- und Nachteile. Die Stahlwanne ist zwar zunächst nicht so anfällig für Kratzer, doch wenn Sie einen Schaden erlitten hat, wird es schwieriger, diesen wieder zu reparieren. Aus Acryl können Kratzer leicht herausgeschliffen werden. Acrylwannen sind außerdem durch das geringere Gewicht leichter zu transportieren bzw. zu installieren. Sie weisen, im Gegensatz zur Stahlwanne, keinen kalten Wannenboden auf.

Schallschutz

Beim Schallschutz ist das Material der Wanne nicht von Bedeutung. Entscheidend ist jedoch die Wandstärke und das Material des Wannenträgers. Träger aus Hartschaum zeichnen sich durch einen sehr wirkungsvollen Schallschutz bei einer gleichzeitig guten Wärmedämmung aus.

Reinigung

Wenn es um das Putzen geht, gibt es keinen klaren Sieger. Der Aufwand ist derselbe und bei beiden Materialien dürfen keine scheuernden Putzmittel und schon gar keine kratzenden Werkzeuge benutzt werden.

Die Duschwanne kann nun vorläufig an der endgültigen Stelle aufgestellt werden. Zum Montieren von Wandanschlussleisten wird am unteren Rand der Duschwanne eine Wandmarkierung angebracht. Die Position des Ablaufes wird durch das Ablaufloch auf dem Fußboden angezeichnet.

Nun die Duschwanne wieder zur Seite stellen. Die Markierungen für die Wandanschlussleisten mithilfe der Wasserwaage im Bereich der Duschwanne auf der Wandfläche anzeichnen.

Die Wandanschlussleisten an der Markierungslinie positionieren und die benötigten Bohrlöcher anzeichnen. Die Leisten unterscheiden sich je nach Fabrikat. Beachten Sie bei der Montage immer die Herstellerangaben.

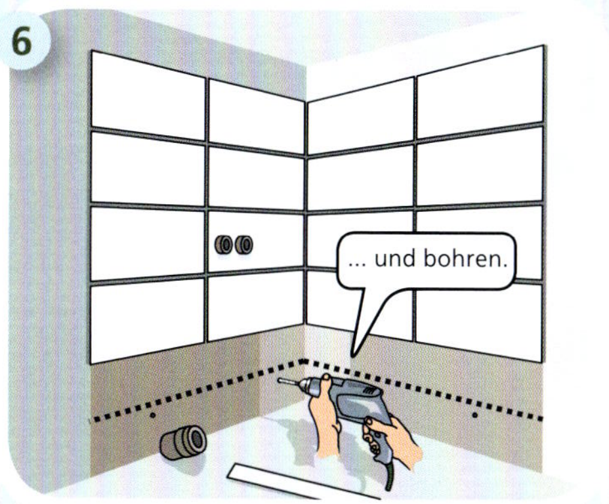

Die Löcher für das Verschrauben der Leisten können nun entsprechend der Markierungen gebohrt werden. Achten Sie darauf, dass Sie dabei keine Installationsleitungen in der Wand anbohren.

Die Leisten können nun an der Wand verschraubt werden. Prüfen Sie mit der Wasserwaage, ob sie auch gerade sitzen. Nur einwandfrei montierte Leisten ermöglichen auch eine korrekte Montage der Duschwanne.

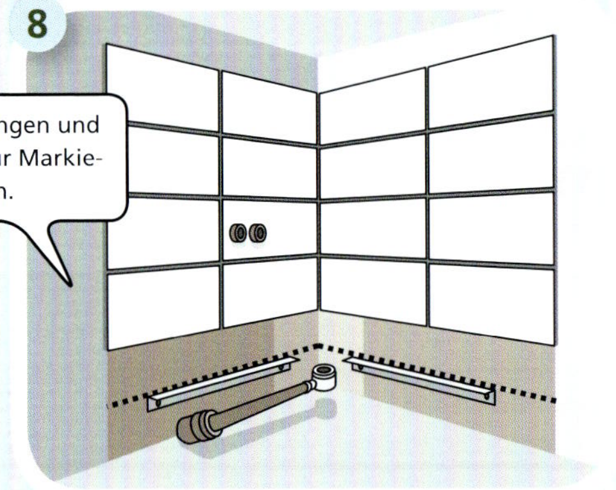

Nach der Montage der beiden Wandanschlussleisten wird der Abfluss bis zur Markierung verlegt. Das Verlegen des Abflusses richtet sich nach der individuellen Montagesituation. Wichtig ist ein Leitungsgefälle von 2%.

Zum Aufstellen der Duschwanne wird diese zuerst auf den Wandanschlussleisten aufgesetzt und die Stellfüße werden so eingestellt, dass die Duschwanne in beiden Richtungen waagerecht steht.

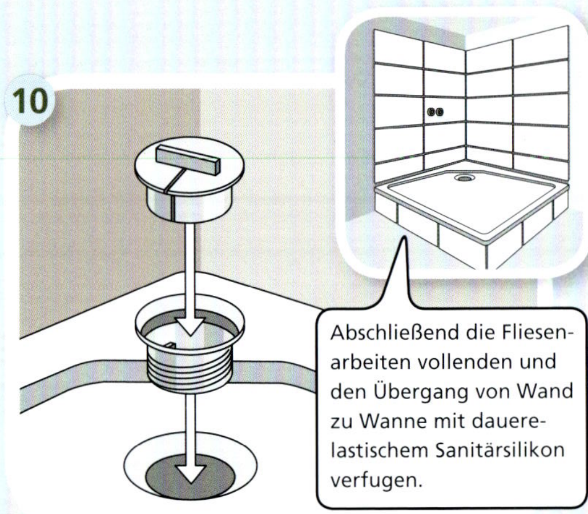

Das Oberteil des Ablaufventils in die Duschwanne einbauen und mit dem Unterteil verschrauben. Die vorgenommene Installation auf Dichtheit prüfen, bevor eine endgültige Verkleidung der Wanne vorgenommen wird.

Wannendichtband

1

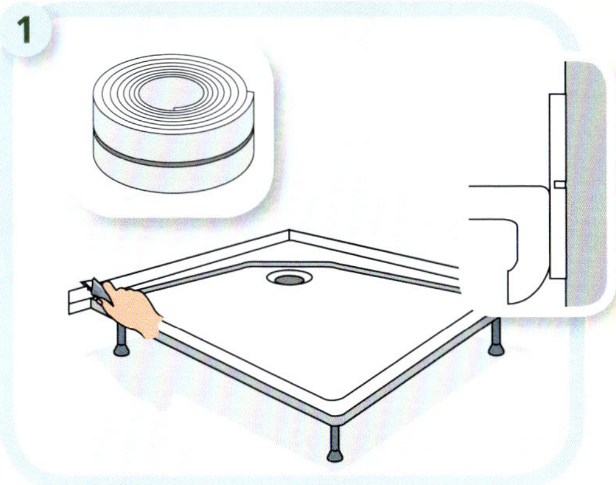

Wannendichtbänder werden zum Schutz vor eindringender Feuchtigkeit und zur Verhinderung von Schallbrücken vor dem Aufstellen der Duschwanne am Wannenrand befestigt. Die untere Hälfte des Bandes wird aufgeklebt und dann gekürzt.

2

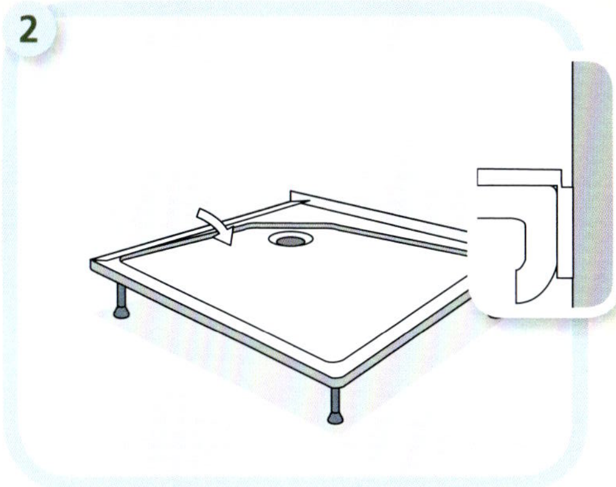

Die nicht klebende obere Hälfte des Bandes wird nun zur Duschwanne umgeklappt und zuvor an der Ecke eingeschnitten. Anschließend die Wanne aufstellen, mit der Wasserwaage ausrichten und anschließen. Jetzt muss die Installation geprüft werden, ob sie dicht ist.

3

Dann wird der Fliesenbelag bis zum oberen Rand der Duschwanne fertiggestellt. Das umgeklappte Wannendichtband bleibt bis zur Fertigstellung der Fliesenarbeiten auf dem Rand der Duschwanne.

4

Wenn der Fliesenbelag fertiggestellt ist, wird der umgeklappte obere Teil des Dichtbandes an der Perforation abgerissen. Den entstandenen Fugenabstand füllt man dann mit dauerelastischem Sanitärsilikon auf.

Stahlwanne mit Wannenträger

1

Wenn eine Duschwanne mit einem Wannenträger aus Styropor eingebaut wird, sollten die Vorarbeiten, wie das Verfliesen der Wand und das Herstellen der Installation, erledigt sein. Beim Verfliesen der Wand ist es sinnvoll, die letzte Reihe über der Duschwanne noch frei zu lassen.

2

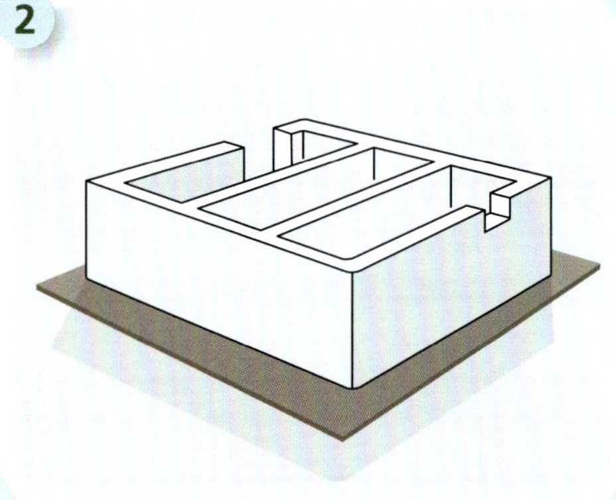

Zur Vorbereitung des Wannenträgers wird auf der Unterseite eine seitliche Öffnung im Bereich des Abflusses und auf der Raumseite eine Revisionsöffnung benötigt. Die ist sinnvoll, um später an die Anschlüsse zu gelangen. Die Ausschnitte können mit dem Fuchsschwanz gesägt werden.

3

Da der Wannenablauf zuerst verlegt werden muss, wird die genaue Position benötigt. Hierzu den Wannenträger aufstellen und die Position des Ablaufes durch die Öffnung im Wannenträger mit einem Stift auf den Boden übertragen.

4

Anschließend wird der Abfluss verlegt. Achten Sie auf ein Gefälle von 2%. Ist es nicht ausreichend, muss der Wandanschluss tiefer gelegt oder die Einbauhöhe der Duschwanne verändert werden.

5

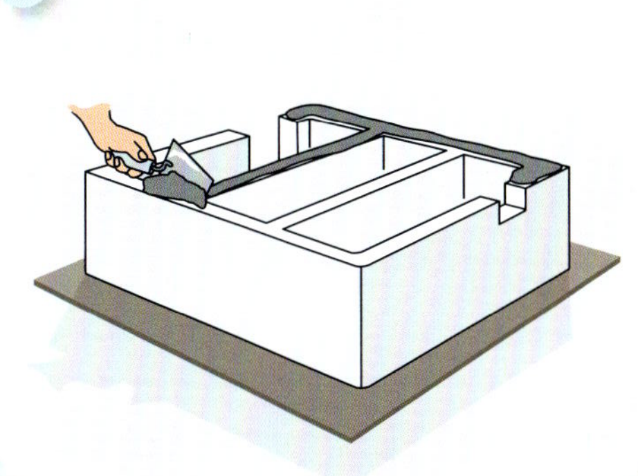

Wenn der Wannenträger vorbereitet und die Installation fertiggestellt ist, wird an der Unterseite des Wannenträgers Montagekleber aufgetragen.

6

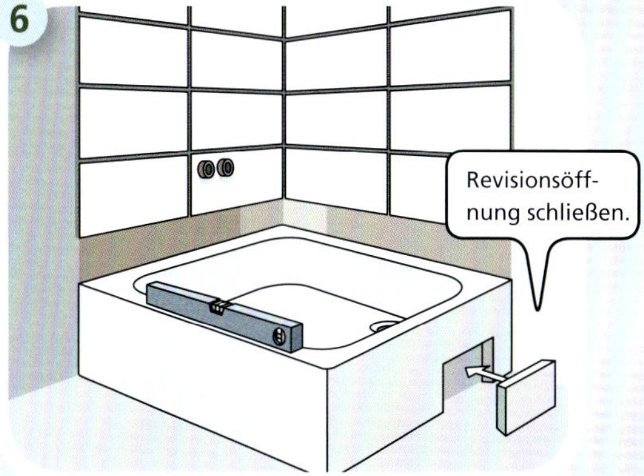

Den Wannenträger dann endgültig aufstellen und mit dem Kleberauftrag am Boden andrücken. Den Wannenträger mit der Wasserwaage ausrichten.

7

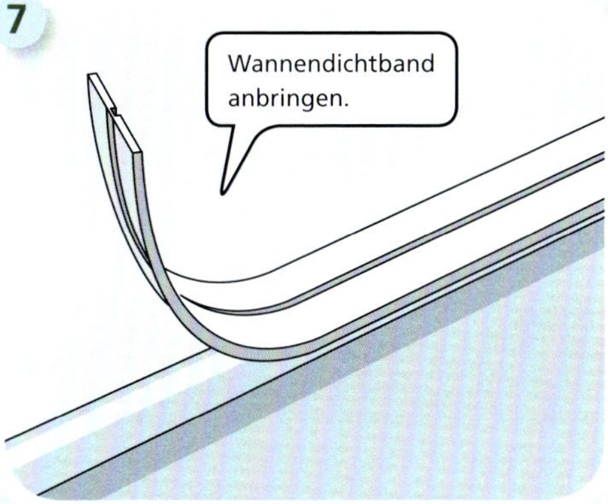

Bevor die Duschwanne eingesetzt wird, sollte noch ein Wannendichtband an den Wandanschlussseiten angebracht werden. Ausführliche Anleitung siehe Seite 13.

8

Auf den äußeren Rand des Wannenträgers nun Montageschaum auftragen. Beachten Sie die vorgeschriebene Handhabung des Schaumherstellers.

9

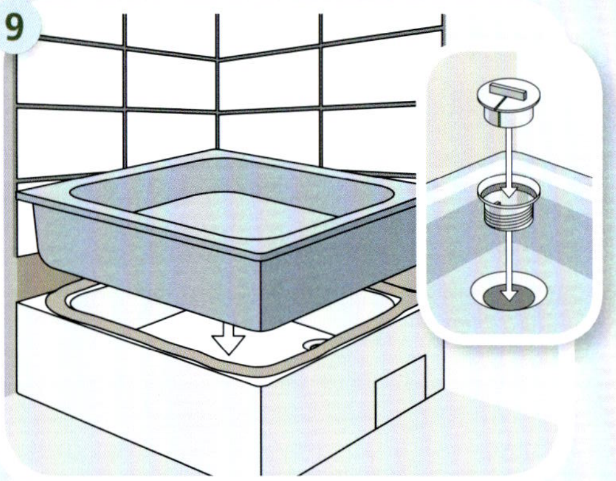

Die Duschwanne nun in den Wannenträger einsetzen. Achten Sie darauf, dass kein Montageschaum auf die Wannenoberfläche gerät. Das Abflussoberteil dann mit der Montagehilfe in das Abflussloch einschrauben. Bauen Sie alle benötigten Dichtungen des verwendeten Abflusses ein.

10

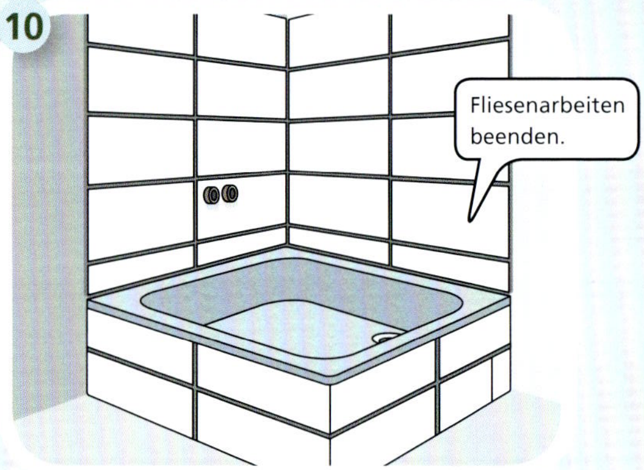

Nach der Prüfung auf Dichtheit können die Fliesenarbeiten fertiggestellt werden. Die Fliese im Bereich der Revisionsöffnung wird nur mit Silikon eingeklebt und mit einer Silikonfuge verfugt. Somit lässt sie sich jederzeit wieder ohne Beschädigung entfernen.

Nachdem alle Fliesen angebracht wurden, kann der Belag verfugt werden.

Duscharmatur und Brausestange

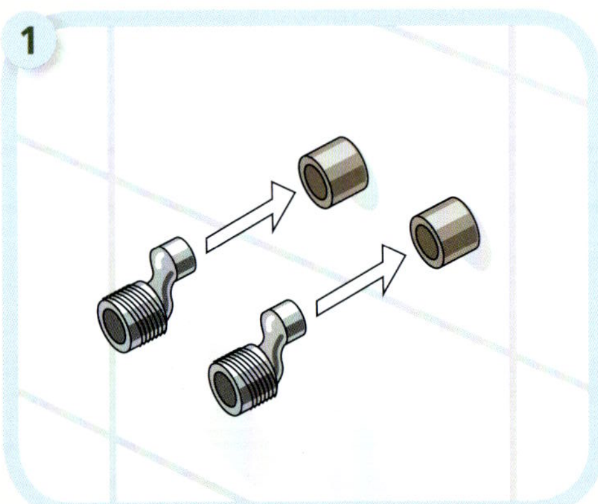

Der Abstand der Wandanschlüsse muss zur verwendeten Duscharmatur passen. Wenn die Intallation bereits vorhanden ist und der Anschlussabstand nicht passt, kann eine Anpassung mit S-Anschlüssen problemlos hergestellt werden.

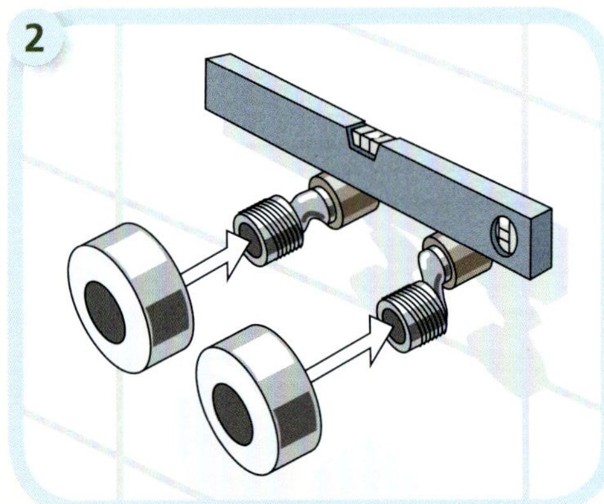

Die S-Anschlüsse auf die Wandanschlüsse aufdrehen. Das Anschlussgewinde mit Hanf oder Dichtband umwickeln und durch Drehen den benötigten Anschlussabstand einstellen. Dabei die Anschlüsse mit der Wasserwaage ausrichten. Nun die Abdeckrosetten aufsetzen.

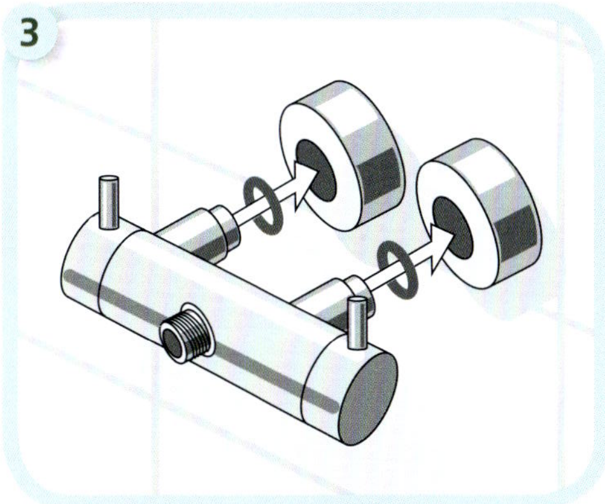

Die Armatur nun mit den beiden Dichtringen aufsetzen und mit den Überwurfmuttern verschrauben. Verwenden Sie am besten eine Armaturenzange, damit die verchromten Teile der Armatur nicht verkratzt werden.

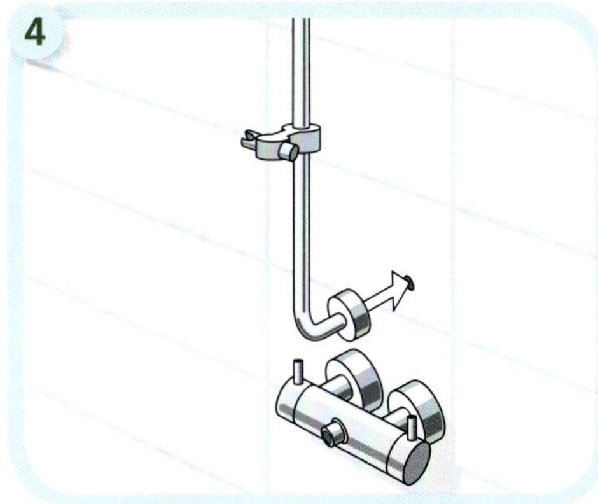

Je nach Duscharmatur wird die Brausestange entweder direkt mit der Armatur verschraubt oder separat an der Wandfläche montiert. Für die Befestigung werden normalerweise Dübellöcher in der Wandfläche benötigt. Sinnvoll ist es, die Stange erst an einem Befestigungs-

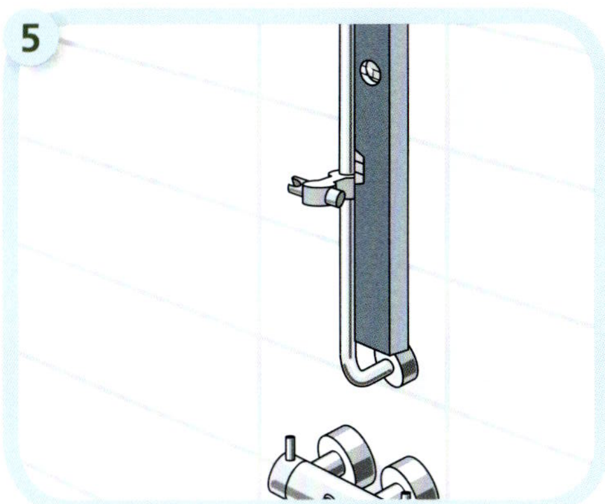

punkt zu befestigen und dann den zweiten Befestigungspunkt bei ausgerichteter Stange zu markieren und zu bohren. Damit der Bohrer beim Bohren in den Fliesen nicht abrutscht, an der Bohrstelle vor dem Anzeichnen ein Klebeband aufkleben oder die Bohrstelle leicht ankörnen.

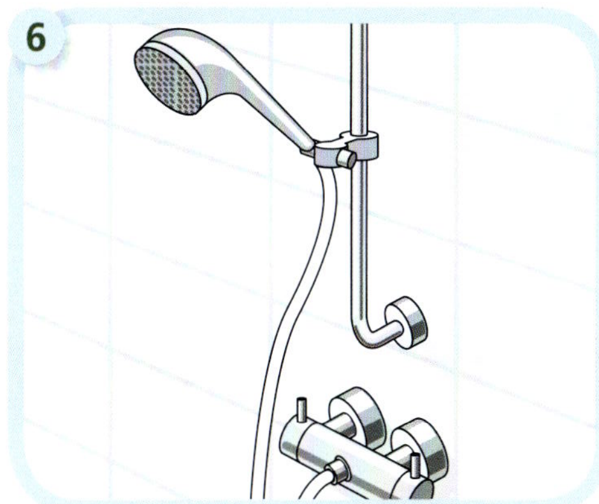

Die Halterung für die Handbrause befestigen und dann den Brauseschlauch an der Armatur anschließen (Dichtring nicht vergessen!) Dichtringe verschiedener Größen sollten in keiner Werkzeugsammlung fehlen, so kann ein tropfender Schlauch später schnell wieder abgedichtet werden.

Hier ist die bodengleiche Dusche mit polygonalem Natursteinmosaik belegt. Vorteilhaft ist die rutschfeste Oberfläche.

Linien- und Punktentwässerung

Beim Bau einer bodengleichen Dusche muss man sich entscheiden, ob die Anlage eine Linien- oder eine Punktentwässerung bekommen soll.

Linienentwässerung

Hier ist der Ablauf in Form einer Ablaufrinne gestaltet. Diese kann entweder in der Mitte der Duschfläche liegen oder an der Wand. Auch ein Einbau innerhalb der Wand ist möglich, womit sie quasi unsichtbar wird. Bei dieser Art von Entwässerung sind großformatige Fliesenbeläge möglich, weil in der Regel nur 1-2 Schrägflächen zu verfliesen sind. Insgesamt kann dadurch großzügiger gestaltet werden. Oft wird die vorhandene Bodenfliese einfach auch für den Duschbereich verwendet.
Die Ausführung der Entwässerung erfolgt mit einem Duschelement, bei dem die nötigen Komponenten bereits vorgesehen sind und letztendlich nur noch an die Situation angepasst werden. Das Verfliesen der Elemente ist dann ein Leichtes.

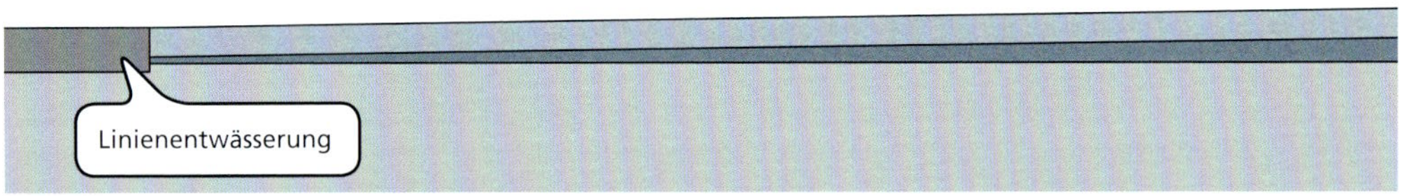

Punktentwässerung

Bei der Punktentwässerung gibt es auch verschiedene Positionen. Sie kann mittig in der Duschfläche eingebaut werden oder auch dezentral in einer Ecke. Oftmals sind es die vorhandenen Anschlüsse, die die Position vorgeben. Bei bodengleichen Duschen besteht im Renovierungsfall oft die Problematik, dass das benötigte Gefälle zu gering ist. In diesen Fällen ist ein zusätzlich langer Weg des Ablaufrohres zum Wandanschluss ungeeignet. Bei einem mittig angeordneten Ablauf werden mehrere schräge Fliesenflächen zum Ablauf hin benötigt. Hier sind z.B. Mosaikfliesen ideal, weil diese leichter an das Gefälle angepasst werden können. Auch die Wirkung des Ablaufrostes sollte mit in die Gestaltung einbezogen werden.

Die Punktentwässerung kann wie die Linienentwässerung mit einem Duschelement oder auch durch die Ausführung eines Estrichs mit Gefälle hergestellt werden. Das Duschelement hat entscheidende Vorteile, besonders für weniger Geübte.

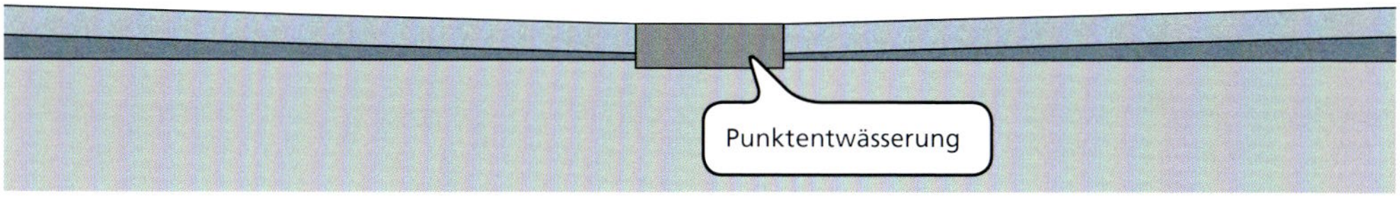

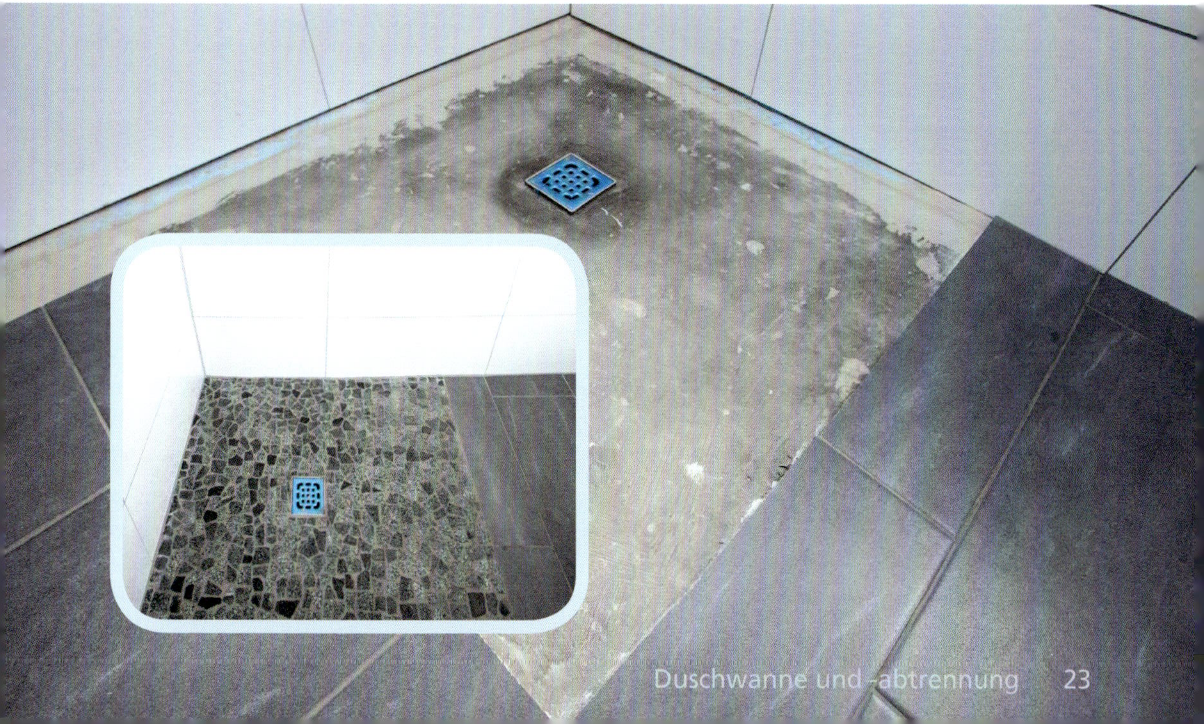

Dusche mit Linienentwässerung

1

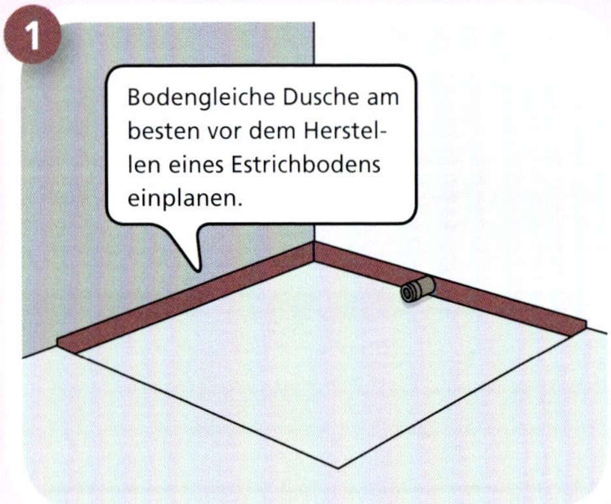

Der Bau einer bodengleichen Dusche muss in der Regel schon beim Herstellen des Estrichbodens eingeplant werden. Es wird eine entsprechend große Aussparung im Estrich benötigt. Der Abfluss muss so vorbereitet sein, dass ein Gefälle zwischen Rinnenanschluss und Wandanschluss vorhanden ist.

2

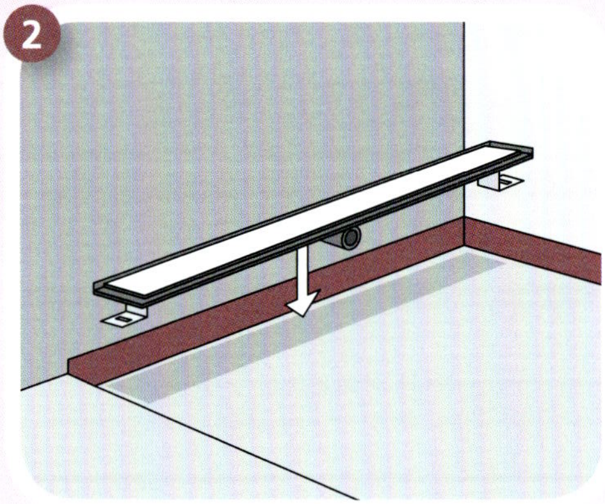

Die Ablaufrinnen verschiedener Hersteller unterscheiden sich in der Montage. Daher immer die Herstellerhinweise berücksichtigen. Die Rinne dann in der vorbereiteten Öffnung platzieren. Die Randdämmstreifen vom Estrich verbleiben noch in der Öffnung.

3

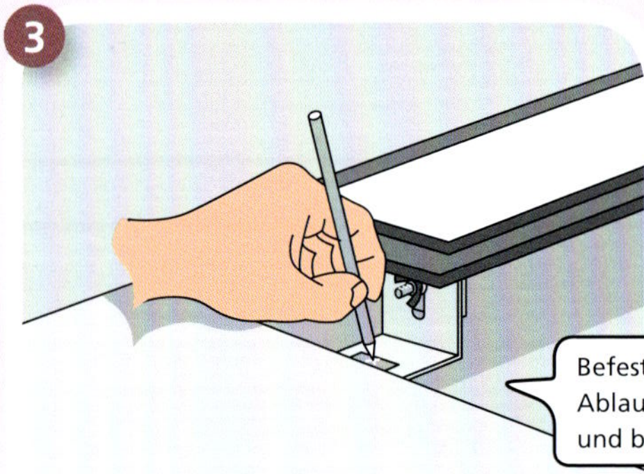

Die Rinne hat entsprechende Montagewinkel bzw. Füße, die in der Höhe verstellbar sind. Nach dem Aufstellen werden die Befestigungslöcher markiert. An den Befestigungspunkten dürfen keine Installationsleitungen im Boden verlaufen.

4

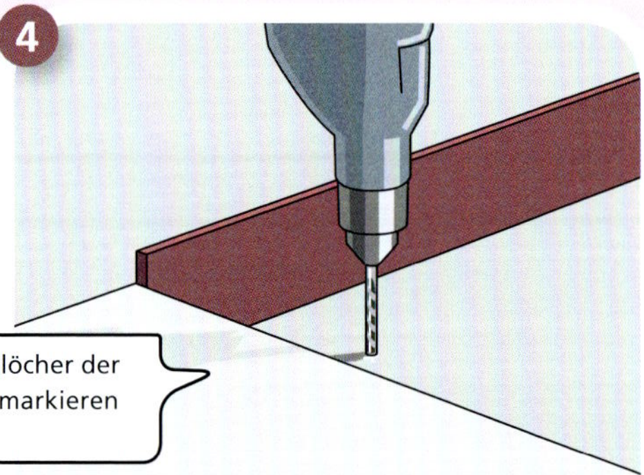

Nun können die benötigten Bohrlöcher hergestellt und dann die Dübel eingesetzt werden. Die Befestigungselemente sind normalerweise im Lieferumfang enthalten.

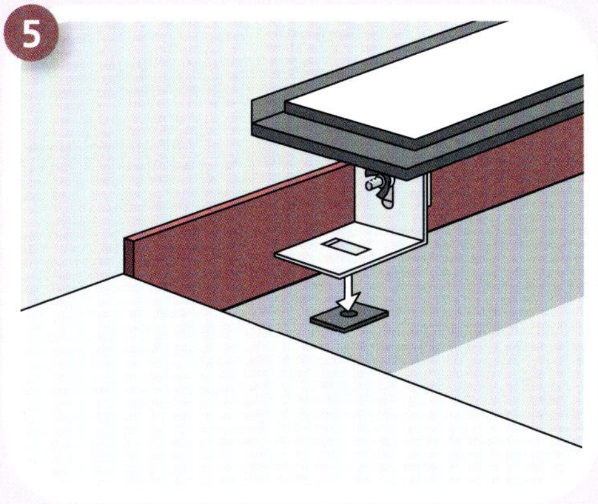

Bevor die Rinne verschraubt werden kann, muss noch ein Dichtungspad unterlegt werden. Dadurch wird eine Schallbrücke zum Boden verhindert und die Geräuschübertragung reduziert.

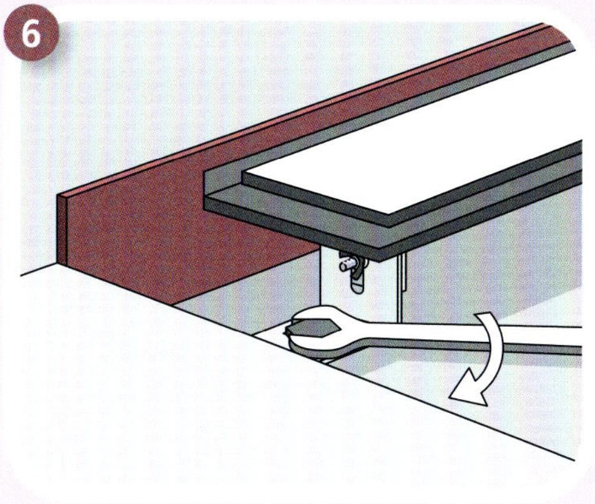

Die Befestigungsschrauben mit jeweils einer Unterlegscheibe einsetzen und die Montagewinkel stabil an der Bodenfläche verschrauben.

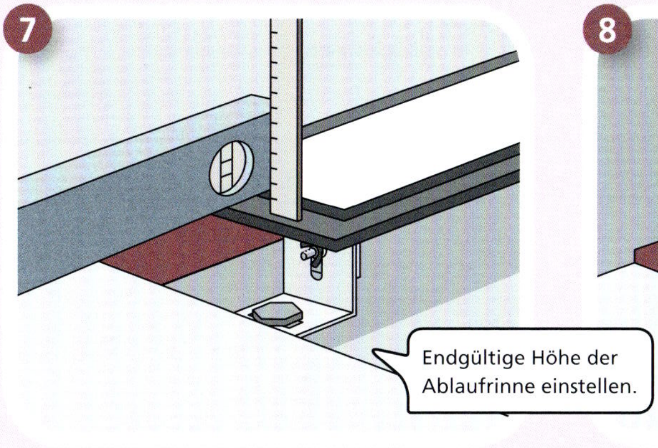

Jetzt wird die endgültige Höhe der Ablaufrinne eingestellt und die Rinne gleichmäßig ausgerichtet. Der Duschbereich muss ein Gefälle in Richtung Ablaufrinne aufweisen. Berücksichtigen Sie auch die Höhe der eingeplanten Fliesen.

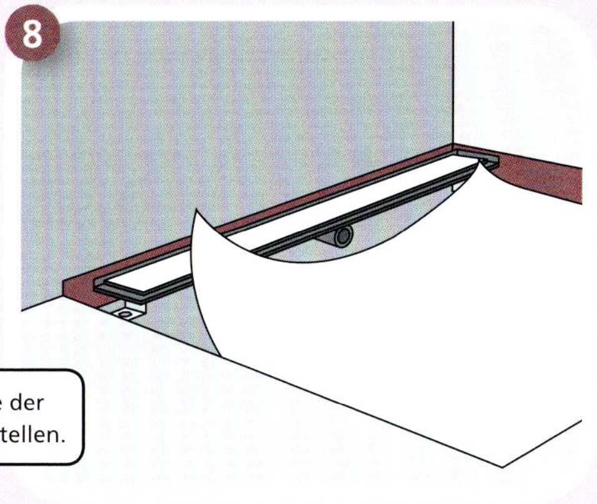

Bevor es weitergeht, werden noch eine Trittschalldämmung und eine Gleitfolie eingebracht. Orientieren Sie sich dabei auch an den Vorgaben des Herstellers. Es ist sinnvoll, sich auf einen Hersteller zu beschränken , weil dann alles aufeinander abgestimmt ist.

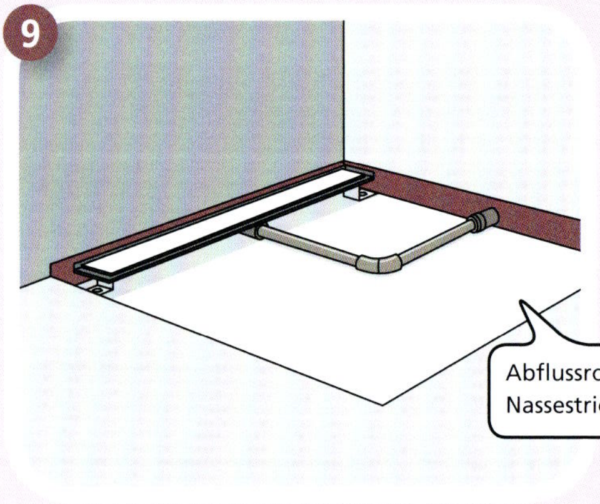
9

Als Nächstes müssen die Abflussrohre verlegt und an die Entwässerungsleitung angeschlossen werden. Berücksichtigen Sie dabei das benötigte Gefälle zwischen Ablaufrinne und Wandanschluss und prüfen Sie dann die Dichtheit der Installation.

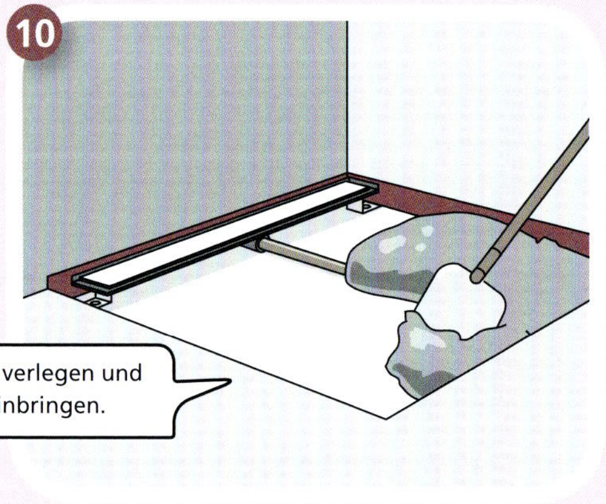

10

Nun kann der Nassestrich eingebracht werden. Diese Arbeit erfordert eine gewisse Sicherheit im Umgang mit Estrich. Eventuell sollte ein Fachbetrieb hinzugezogen werden.

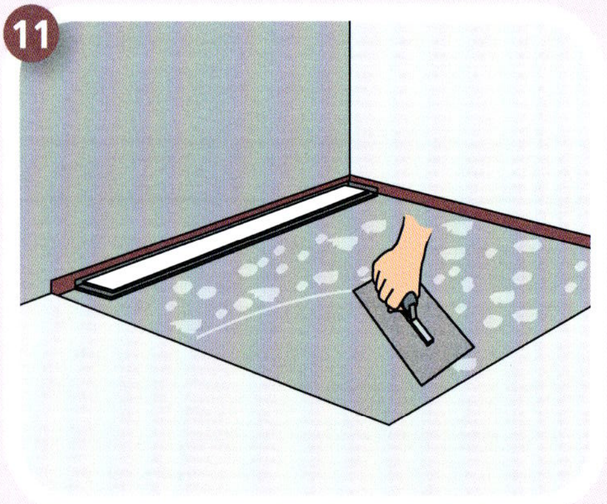
11

Der Estrich wird mit entsprechendem Gefälle zwischen der umliegenden Bodenfläche und dem Flansch an der Ablaufrinne verdichtet und abgezogen.

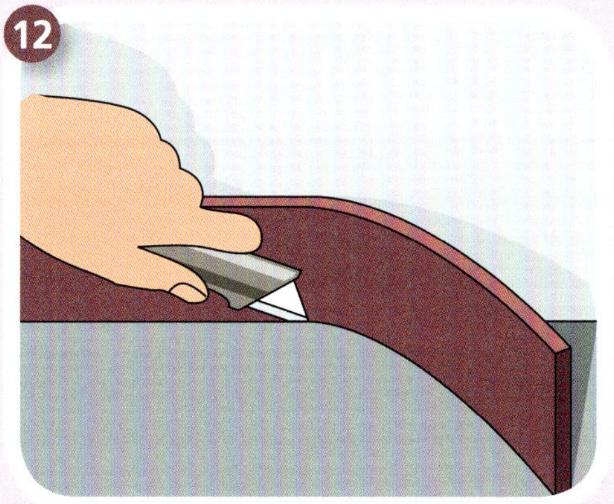
12

Der umlaufende Randdämmstreifen kann dann nach Fertigstellung und Aushärtung der Estrichfläche entfernt werden. Anschließend erfolgen die Abdichtarbeiten nach Herstellerangabe.

13

Alle Übergänge zwischen Boden und Wänden werden mit einer Dünnbettabdichtung bestrichen und ein Dichtband eingelegt. Danach die Wand- und Bodenfläche im Nassbereich komplett mit Dünnbettabdichtung abdichten.

14

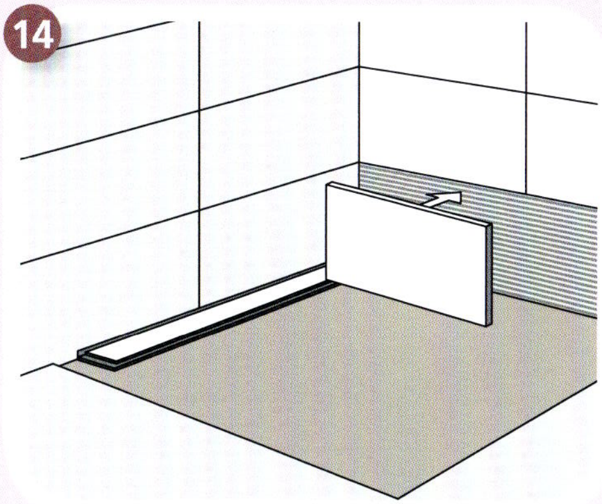

Vor den Fliesenarbeiten muss die Abdichtung vollständig getrocknet sein. Beginnen Sie dann mit der Verlegung der Wandfliesen. Je nach gewünschtem Fliesenbild beginnt man unten mit der Verlegung der ersten Fliesenreihe oder in der gewünschten Höhe der Wandfläche.

15

Nach Fertigstellung des Fliesenbelages an den Wänden die Bodenfläche des Duschbereiches verfliesen. Die Fliesen liegen dabei auf dem umlaufenden Rinnenflansch auf. Ziel ist, dass das Wasser ungehindert durch die vorhandene Rinnenöffnung ablaufen kann.

16

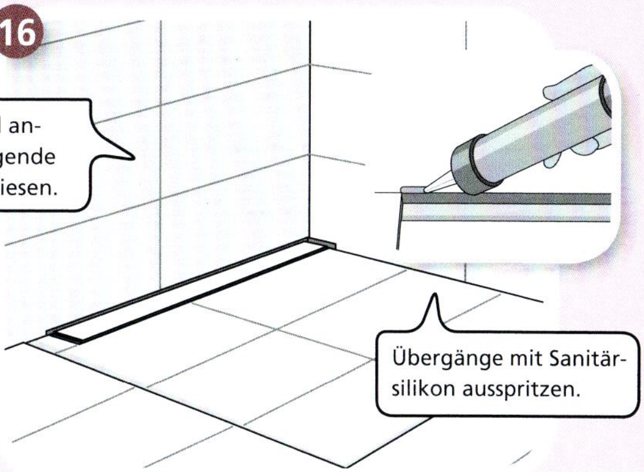

Nun kann die ganze Bodenfläche verfliest werden. Danach alle Flächen verfugen und die Übergänge zur Wand und zwischen der Ablaufrinne und dem Fliesenbelag mit Sanitärsilikon ausspritzen. Diese Art der Verfugung ist wichtig, weil sie durch ihre Elastizität nicht reißen und kein Wasser eindringen kann.

Dusche mit Punktentwässerung

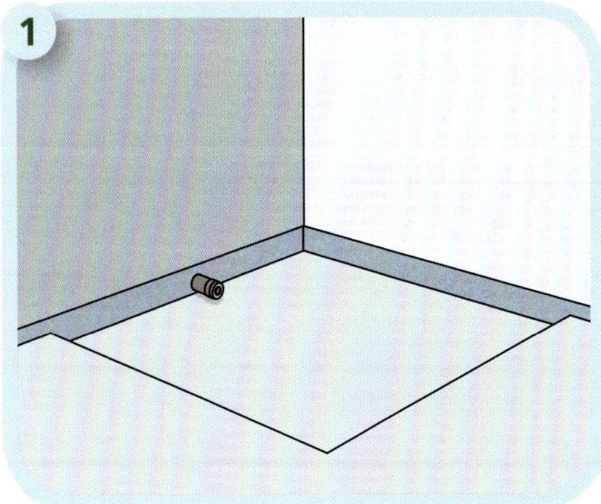

Duschlemente gibt es in verschiedenen Größen, davon hängt die Aussparung im Estrich ab. Neben dem hier gezeigten waagerechten Ablauf ist auch ein senkrechter Ablauf möglich.

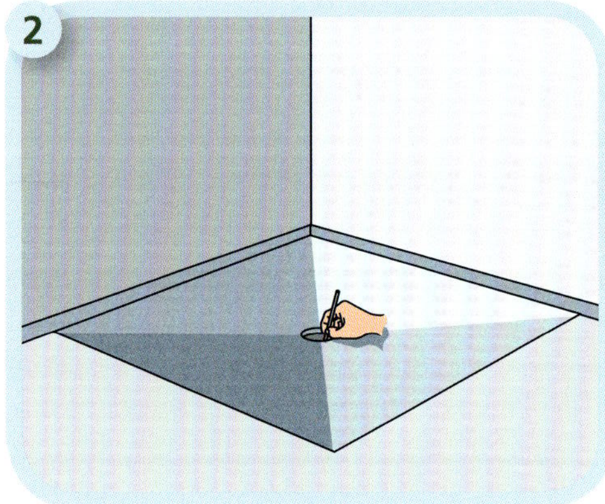

Markieren Sie sich zuerst die genaue Position des Ablaufes, indem Sie das Duschelement in die vorgesehene Bodenaussparung einsetzen.

Das Duschelement dann wieder herausnehmen und den Bodenablauf montieren. Er wird dabei mit dem bauseits vorhandenen DN 50 Rohr verbunden und mittig entsprechend der vorgenommenen Markierung ausgerichtet.

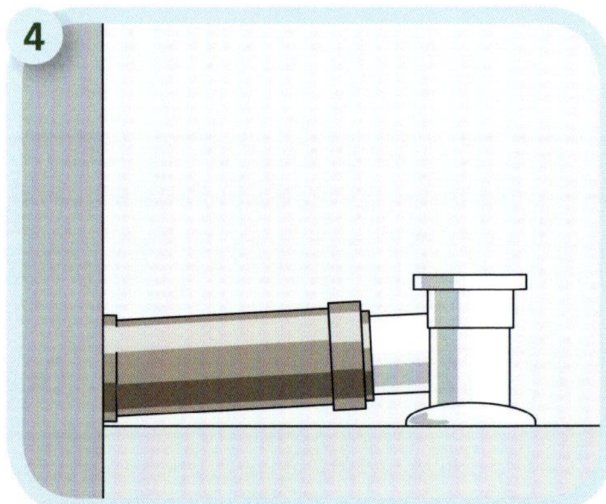

Der Ablauf muss nun so eingestellt werden, dass der Höhenversatz zwischen Ablaufoberkante und Estrich entsprechend der Dicke des Duschelementes passt. Berücksichtigen Sie dabei auch eine Zugabe für das Mörtelbett von ca. 3 mm.

5

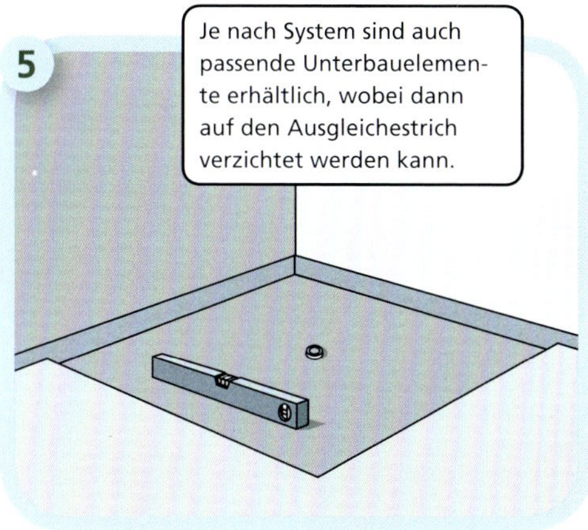

Die Bodenaussparung wird dann mit einem Ausgleichestrich bzw. einer zementgebundenen Ausgleichsschüttung ausgefüllt und auf der entsprechenden Höhe eben abgezogen.

6

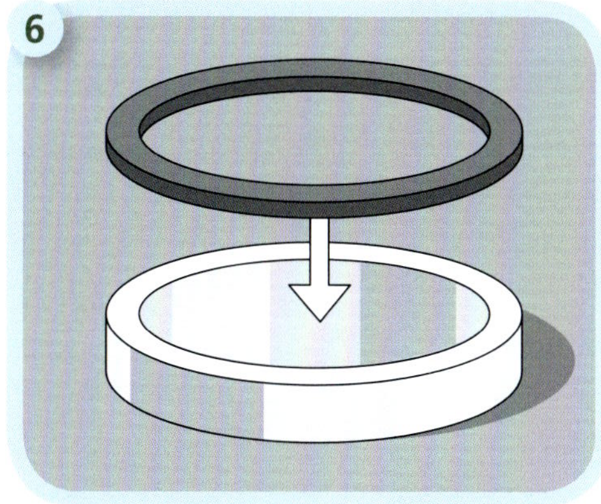

Bauen Sie die benötigten Dichtringe ein. Bei Duschelementen mit bereits eingebautem Ablauf wird der Dichtring in das Duschelement eingesetzt. Beachten Sie die genaue Anordnung des Dichtringes, um eine einwandfreie Funktion zu gewährleisten.

7

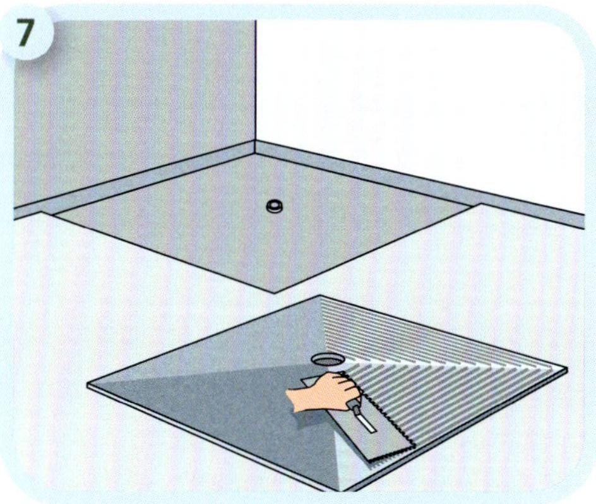

Wenn der Ausgleichestrich ausgehärtet ist, kann auf das Duschelement rückseitig Fliesenkleber mit dem Zahnspachtel aufgetragen werden. Verwenden Sie am besten Flexkleber.

8

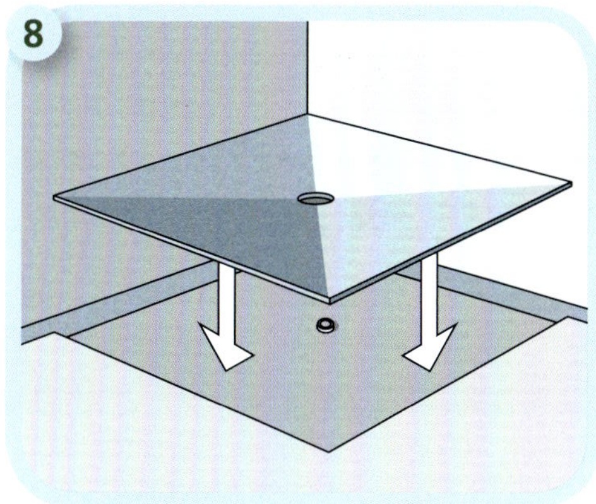

Das Duschelement kann dann direkt eingebaut werden. Achten Sie auf den genauen Sitz des Dichtringes.

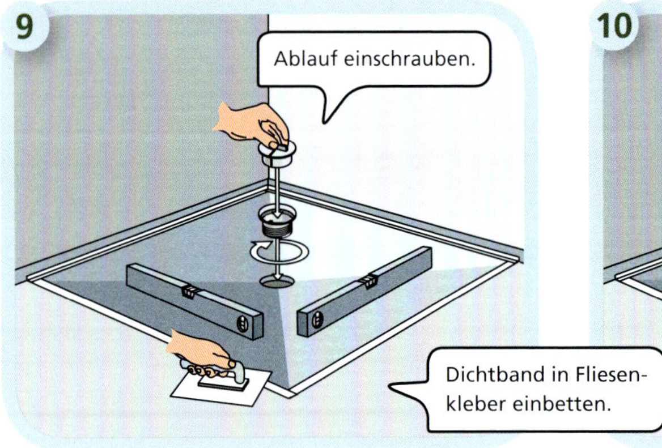

Die Übergänge zwischen Estrich, Duschelement und den Wänden werden mit einem geeigneten Dichtband abgedichtet. Je nach Hersteller sind die Dichtbänder innerhalb eines Produktsortimentes erhältlich. Im Bereich des Dichtbandes einen Streifen Fliesenkleber auftragen und das Band einbetten.

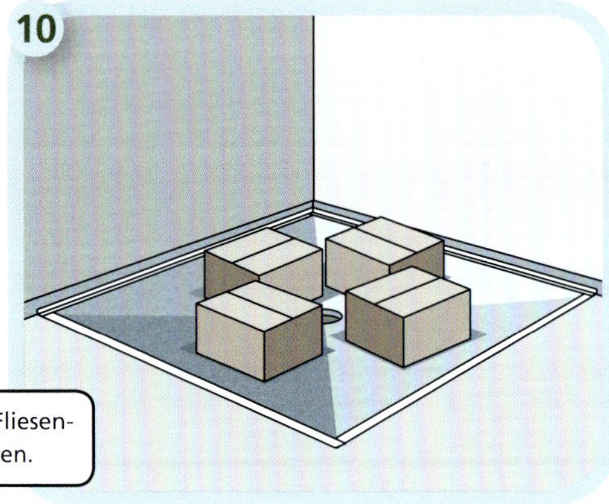

Anschließend wird das Schraubventil eingesetzt und verschraubt. Das genaue Vorgehen richtet sich dabei nach dem jeweiligen Produkt. Bis zum vollständigen Aushärten des Fliesenklebers wird das Duschelement nun am besten beschwert.

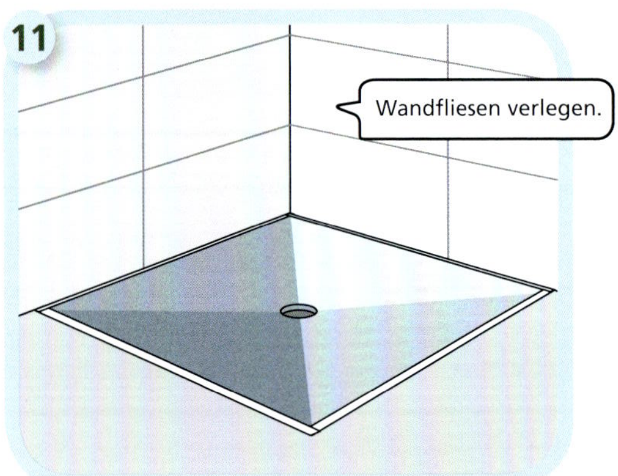

Nach Aufbringung eines Dichtungsanstriches können die Wandfliesen verlegt werden. Das zuvor angebrachte Dichtungsband liegt im Wandbereich unter dem Fliesenbelag.

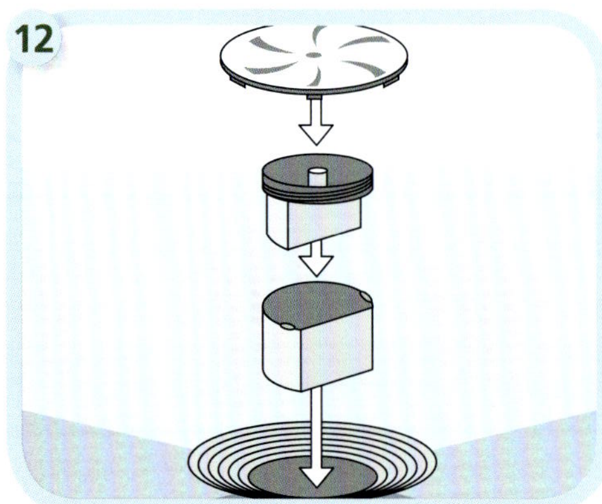

Je nach Duschelement und Ablauf erfolgt die Anpassung an die Höhe des Fliesenbelages mit einem Aufsatzstück. Eventuell muss dieses an die gewünschte Höhe angepasst werden.

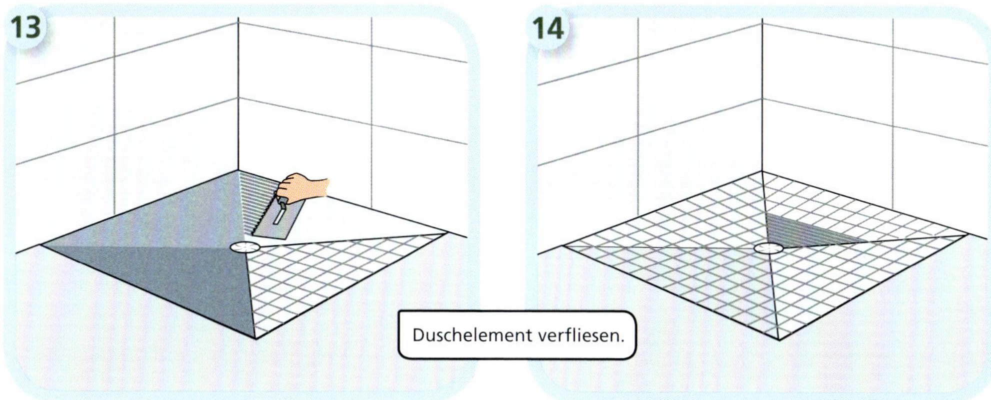

Das Duschelement kann nun verfliest werden. Geeignet sind alle üblichen Bodenfliesen. Beachten Sie aber die speziellen Anforderungen, z.B. wenn der Belag rollstuhlbefahrbar sein muss. Verlegen Sie die Fliesen so, dass diese nachher oberflächenbündig mit den angrenzenden Bodenfliesen sind.

Ein schöner Kontrast zu den angrenzenden Bodenfliesen bilden z.B. Mosaikfliesen oder Polygonalmosaik. Hierbei ist eine Anpassung an die schräg verlaufenden Ablaufkanten des Duschelementes leichter möglich.

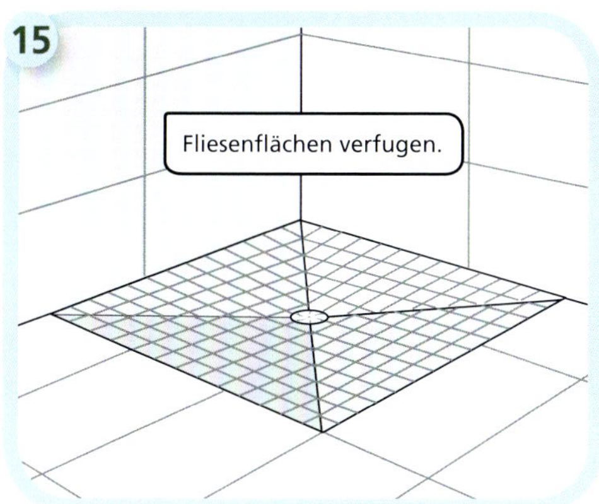

Wenn das Duschelement fertig verfliest ist, können die angrenzenden Bodenfliesen ebenfalls verlegt werden. Danach erfolgt das Verfugen mit einem geeigneten Fugenmörtel. Aus den Fugen zu angrenzenden Fliesenflächen wird der Fugenmörtel restlos herausgekratzt.

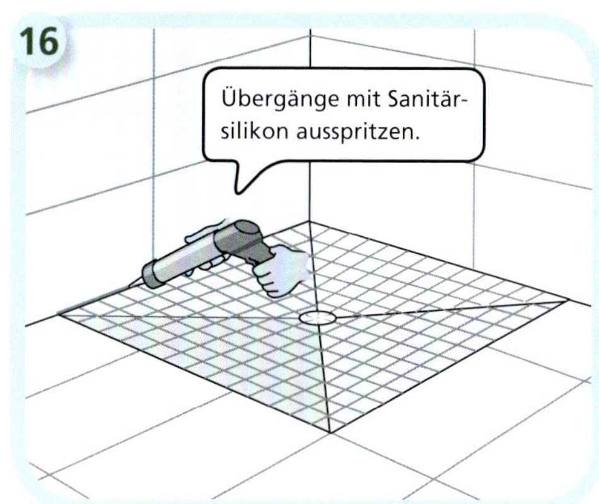

Nach dem Aushärten des Mörtels werden diese Fugen mit Sanitärsilikon ausgefugt. Anschließend werden die Armatur und eventuell eine Duschabtrennung montiert.

Duschabtrennung

Zum Montieren einer Duschabtrennung muss der Fliesenbelag vollständig fertig sein. Dieser muss planeben sein und senkrecht verlaufen. Bei nicht vorschriftsmäßigem Fliesenbelag sind später je nach Modell bedingt Anpassungsmöglichkeiten gegeben.

Die Montage in dem gezeigten Beispiel beginnt mit den Wandanschlussprofilen. Die genaue Position der Bohrlöcher wird entsprechend dem Schenkelmaß auf der Wandfläche markiert. Richten Sie die Profile dabei exakt senkrecht aus, um eine einwandfreie Montage zu gewährleisten.

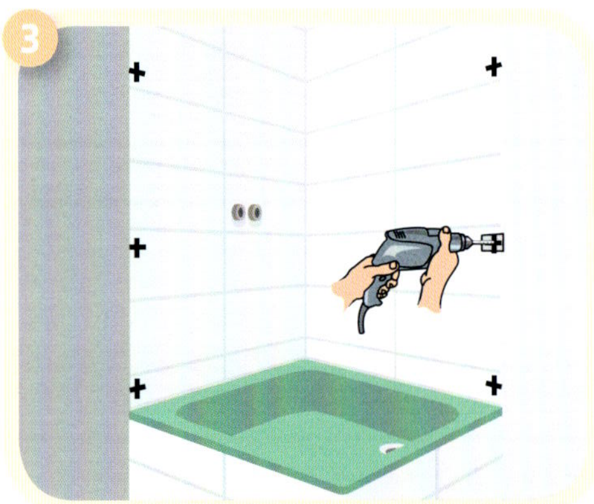

An den angezeichneten Stellen werden jetzt die Dübellöcher gebohrt. Arbeiten Sie ohne Schlaggang und mit kleiner Drehzahl. Damit der Bohrer nicht abrutscht, kann man vor dem Anzeichnen der Bohrlöcher an den entsprechenden Stellen ein Klebeband anbringen.

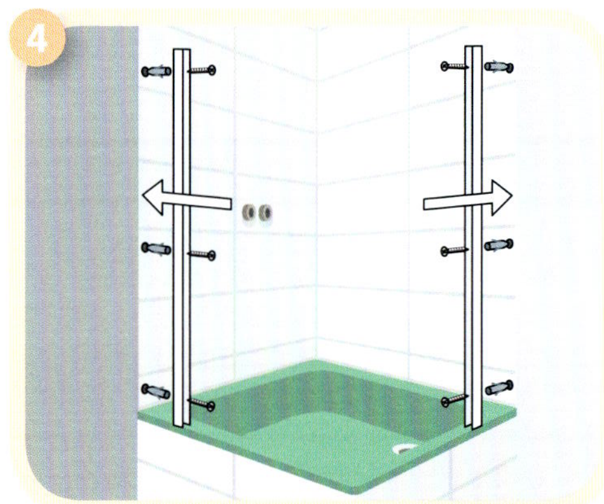

Nach dem Einsetzen der Dübel werden die Wandanschlussprofile mit den beiliegenden Schrauben an der Wand verschraubt. Prüfen Sie den genauen Sitz der Profile nochmals mit der Wasserwaage nach und korrigieren diesen bei Bedarf.

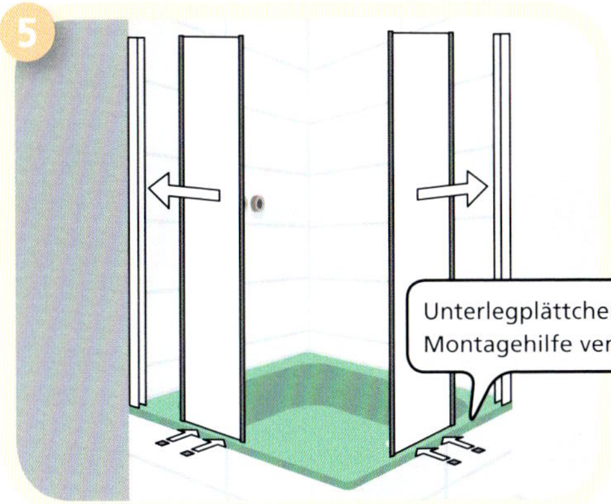

Die feststehenden Seitenteile werden jetzt in die Wandanschlussprofile eingesetzt. Verwenden Sie die beiliegenden Unterlegplättchen als Montagehilfe. Nach dem Ausrichten werden die Seitenteile mit den Wandanschlussprofilen verschraubt.

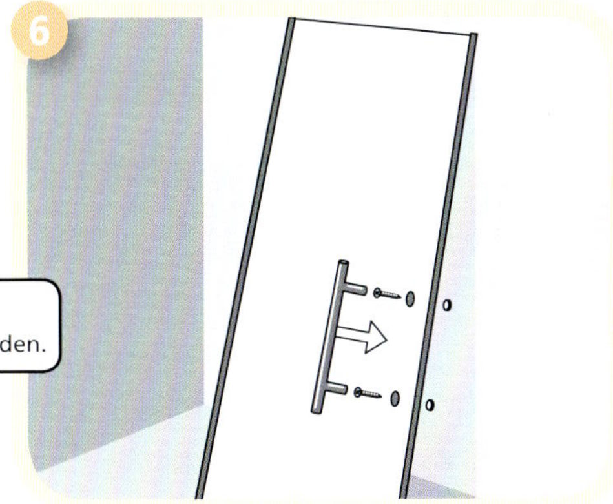

An den Drehtüren werden vor dem Einbau noch die Beschläge montiert. Bei der gesamten Montage der Duschabtrennung ist es gut, wenn Sie zu zweit arbeiten.

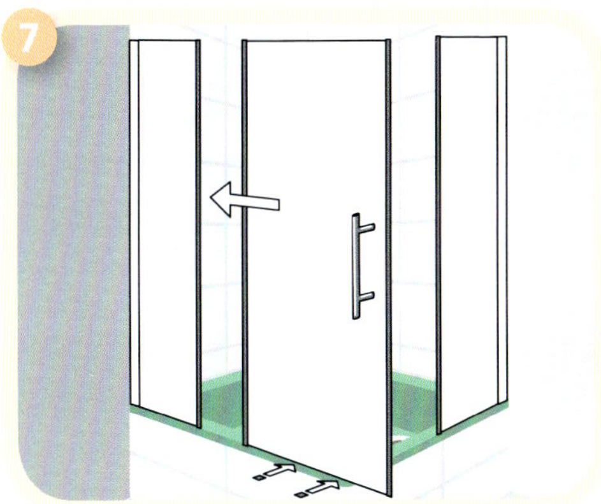

Setzen Sie die erste Tür in das Anschlussprofil des Seitenteiles ein. Die Montagehilfen zwischen Wannenrand und Tür unterlegen. Die erste Tür muss gegen Umkippen gesichert sein.

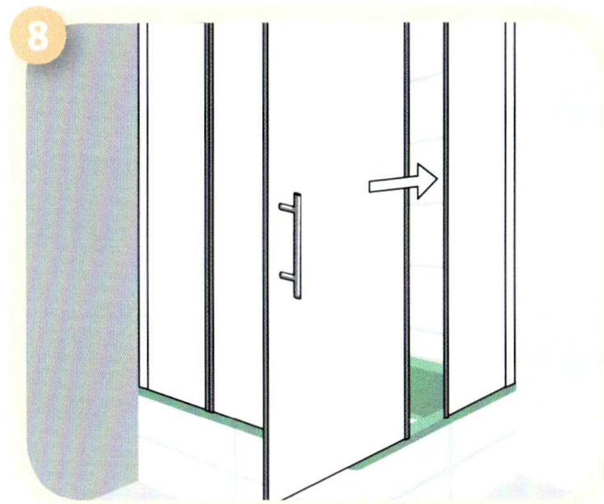

Die zweite Tür ebenso in das Anschlussprofil des anderen Seitenteils einsetzen. Eine Person muss innerhalb der Dusche sein.

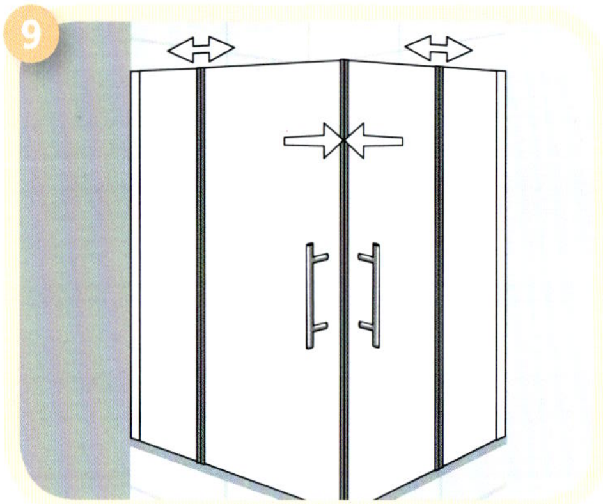

Richten Sie den genauen Sitz der beiden Türen aus. Diese Arbeit unbedingt zu zweit ausführen. Die Dichtlippen der beiden Türen müssen den Türspalt im geschlossenen Zustand dicht abschließen. Korrigieren Sie die genaue Position der Türen sorgfältig.

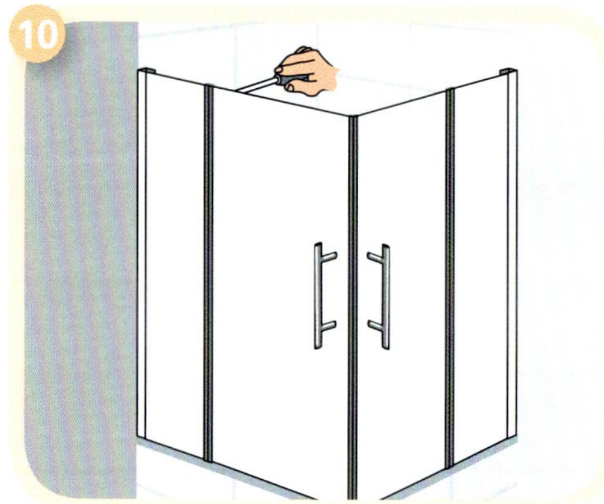

Wenn alles passt, können die Türen von innen mit den Anschlussprofilen verschraubt werden.

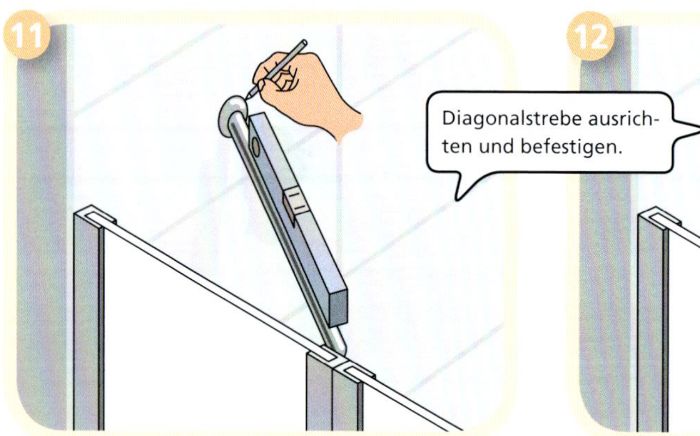

Zur Stabilisierung der Seitenwände werden diagonale Verstrebungen auf der Innenseite angebracht. Die Strebe ansetzen und ausrichten. Jetzt die Position des Befestigungsflansches an der Wandfläche markieren.

Die Bohrlöcher ohne Schlaggang mit kleiner Drehzahl bohren. Danach die beiliegenden Dübel in die Bohrlöcher einsetzen.

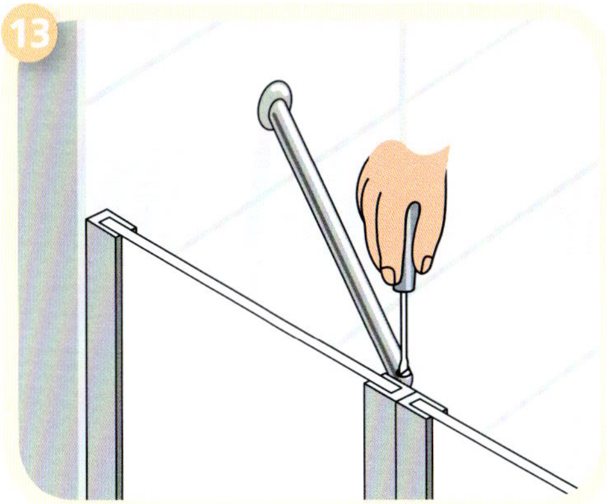

Die Diagonalstreben dann an den Seitenwänden einsetzen und an der Wand verschrauben.

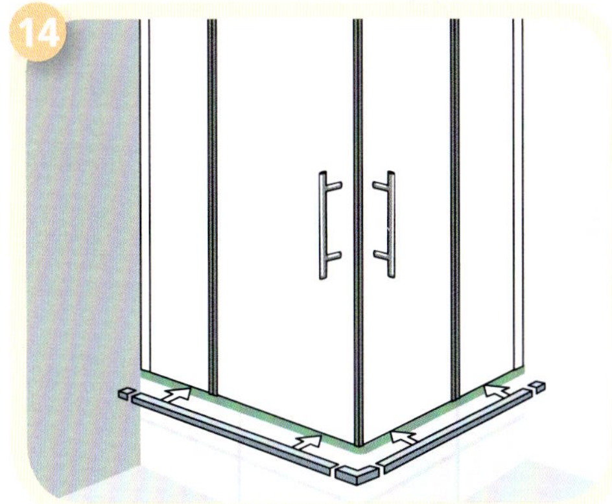

Zum Schluss werden noch die Wasserabweisprofile auf der Wannenoberkante unterhalb der Drehtüren angebracht. Sie werden benötigt, damit das Spritzwasser nach innen abgeleitet wird.

Das Verfugen der Seitenwände mit Sanitärsilikon erfolgt von außen und nicht von innen. Das hat den Zweck, dass eindringendes Spritzwasser aus den Profilen nach innen ablaufen kann.

Expertentipp

Wenn trotz aller Planungen keine geeignete Duschabtrennung zu finden ist, besteht auch die Möglichkeit einer Sonderanfertigung. Es ist keine Seltenheit, dass eine Duschabtrennung z.B. unter einer Dachschräge aufgebaut werden muss. Es gibt für viele Fälle geeignete Lösungen der verschiedenen Hersteller. Fragen Sie einfach im Handel nach oder besuchen Sie einen Duschkabinen-Konfigurator im Internet. Wenn man selbst in der Lage ist, die individuelle Einbausituation auszumessen, kann man damit schnell eine Lösung finden und den Preis erfahren.

Sonderlösungen für Duschabtrennungen

Türen mit Seitenwand

Nischentüren

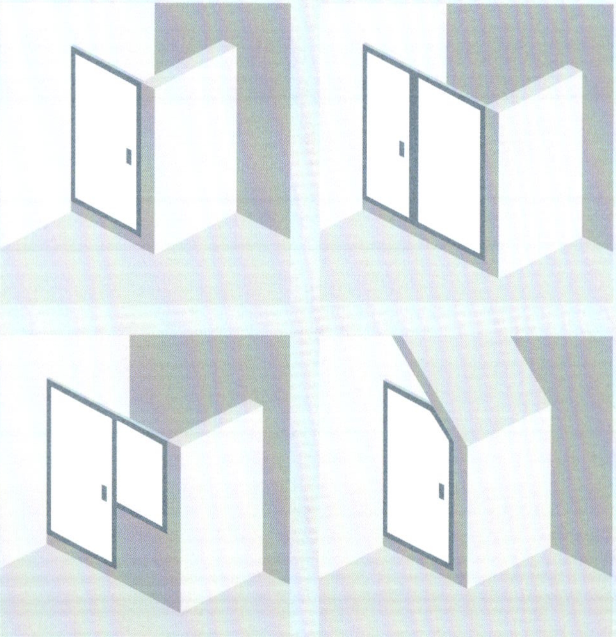

Runddusche
mit Seitenwand

Eckeinstieg
mit Seitenwand

Fünfeckdusche

Hier sehen Sie ein paar spezielle Varianten für den Einbau von Duschabtrennungen. Die Hersteller bieten für alle denkbaren Einbausituationen spezielle Lösungen an.

Arbeiten mit Sanitärsilikon

Sanitärsilikon

Zum Herstellen von elastischen Fugen im Sanitärbereich ist ein spezielles Sanitärsilikon unerlässlich. Dieses Silikon wird von den Herstellern mit speziellen Substanzen versehen, die eine Schimmelbildung verzögern. Gänzlich vermeiden kann man die Schimmelbildung allerdings nicht, denn die fungiziden Eigenschaften des Silikons gehen mit der Zeit verloren. Es ist also durchaus möglich, dass in einigen Jahren ein Erneuern der Fugen ansteht.

Vorbereitung

Als ungeübter Anwender fällt es anfangs vielleicht schwer, eine saubere Silikonfuge herzustellen, aber nach ein paar „Übungsmetern" wird es immer besser. Zu Beginn muss der Fugenbereich auf Sauberkeit geprüft werden. Staub, Nässe und lose sitzende Mörtel- oder Putzreste verhindern den Halt und lassen die Fuge leicht wieder aufreißen. Auch Fett- und Ölrückstände sind zu entfernen. Bei saugenden Untergründen wird eine Grundierung mit Haftgrund empfohlen. Die Silikonfuge sollte nicht breiter als 1 cm sein, damit die Flexibilität noch gegeben ist.

Zweidrittelregel

Die Tiefe einer Fuge sollte nur 2/3 der Fugenbreite betragen. Eine Fugenbreite von 3 mm ergibt demnach eine Fugentiefe von 2 mm. Auf keinen Fall sollte die Fuge tiefer als breit sein. Durch das Einsetzen von Schaumstoffschnüren in den Fugenbereich kann ein optimaler Fugenquerschnitt erreicht werden.

Dreiflankenhaftung vermeiden

Die Silikonfuge immer so ausführen, dass die Masse nur an zwei Flanken haftet. Eine Dreiflankenhaftung würde entstehen, wenn zuviel Silikonmasse eingedrückt wird und die Bodenfläche ebenfalls damit verbunden wird. Die Bewegungsfreiheit des Silikons wäre nicht mehr gegeben und die Fuge würde abreißen.

Klebeband hilft

Zur Erzielung einer gleichmäßigen Fuge kann das beidseitige Aufkleben von leicht lösbarem Klebeband helfen. Damit wird die Fugenbreite vorgegeben. Nach dem Einbringen der Silikondichtmasse wird diese geprüft, damit keine Lufteinschlüsse und eine gute Flankenhaftung vorhanden sind. Dann kann das Klebeband entfernt werden. Nun ein Glättemittel in Form von stark verdünntem Spülmittel aufbringen und die Fuge mit einem Rundholz oder Fugenspachtel glatt abziehen. Die Reste des Fugenmaterials einfach in einen alten Joghurtbecher geben und entsprechend entsorgen. Weitere Hinweise sind auch auf dem Gebinde der Silikonkartusche zu finden.

Alte Silikonfuge erneuern

Alte unansehnliche Fugen werden am besten komplett erneuert. Es gibt spezielle Messer zum Entfernen von Silikonfugen. Aber auch ein Cuttermesser funktioniert. Schützen Sie die benachbarten Flächen vor Ausrutschern mit dem Messer. Nach dem mechanischen Entfernen der Fugenmasse wird ein spezieller Fugenentferner aufgetragen und nach ca. einer halben Stunde die Reste abgewischt. Die saubere Fuge kann dann erneut mit Fugenmasse gefüllt werden.

Zum restlosen Entfernen von Silikondichtmasse wird ein Silikonentferner aufgetragen – hier an einer Duschabtrennung.

CHEMIE

Badewanne

Die Badewanne ist das Herzstück eines jeden Badezimmers. Im Winter ist sie der Inbegriff von wohltuender Behaglichkeit. Eine Badewanne einzubauen ist gar nicht so schwierig, allerdings werden Sie in manchen Situationen zwei weitere helfende Hände brauchen, um die Wanne zu tragen, zu drehen und an die richtige Position zu rücken.

1

Bevor die Badewanne aufgestellt wird, sollte der Fliesenbelag an der Wand soweit fertig sein, dass nur noch der Bereich hinter der Wanne frei bleibt. Die Anschlüsse für die Armatur und den Ablauf sind bereits hergestellt. Die Wannenfüße (Zubehör) werden auf der Wannenunterseite verschraubt.

2

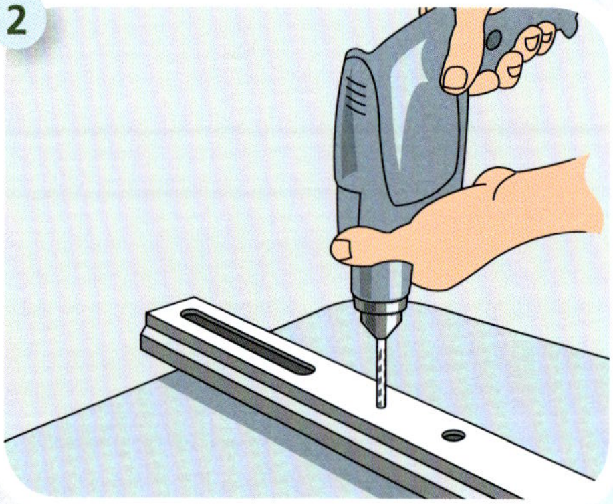

Zur Befestigung der Wannenfüße wird im vorderen und hinteren Drittel des Wannenbodens eine Traverse auf den Wannenboden geschraubt. Die Schrauben möglichst weit nach außen versetzt anbringen. Verwenden Sie die vom Hersteller beigelegten Schrauben.

3

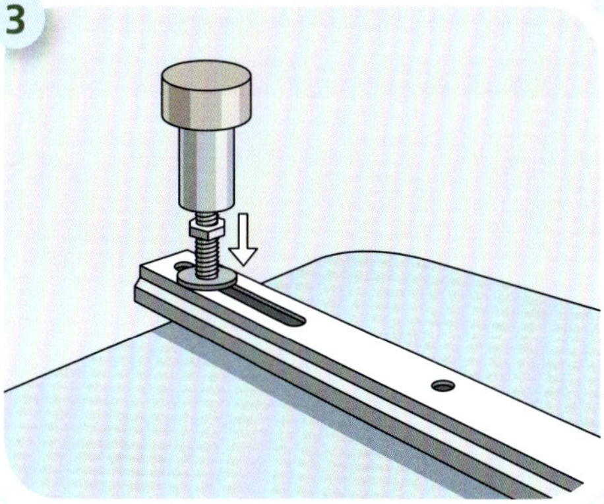

Die Traversen stehen am Rand etwas über. Die Wannenfüße jeweils mit dem Gewinde durch das Langloch führen und von der Gegenseite eine Mutter aufdrehen. Alternativ können die Füße auch vorher schon an den Traversen befestigt und dann erst am Wannenboden verschraubt werden.

4

Die Wanne dann umdrehen und mit etwas Wandabstand aufstellen. Die beiden Wannenränder, die nachher an der Wand anliegen, werden mit einem Wannendichtband versehen. Dieses verhindert eine Schallübertragung von der Wanne zur Wand und das Eindringen von Wasser in die Fuge.

5

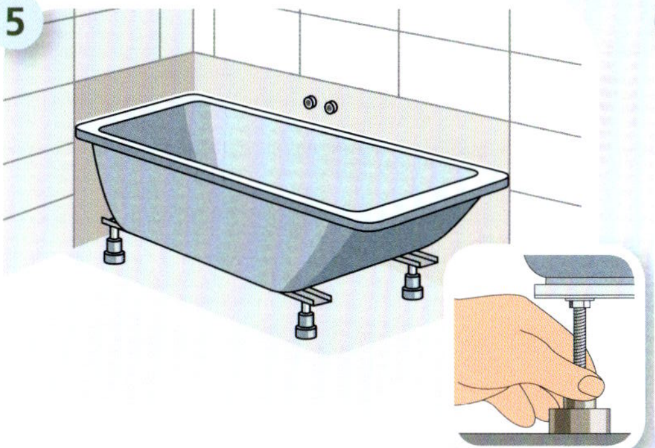

Die Wanne wird nun an der endgültigen Stelle aufgestellt. Zum genauen Ausrichten der Höhe und der Waagerechten können die Wannenfüße verstellt werden.

6

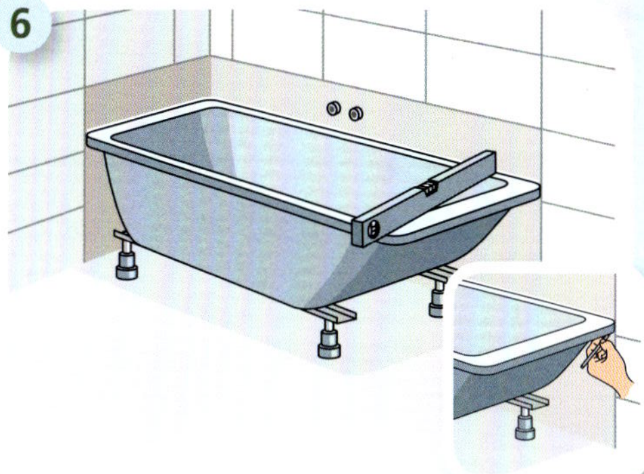

Prüfen Sie mit der Wasserwaage solange nach, bis die Wanne absolut waagerecht steht. Ermitteln Sie die exakte Höhe vom Boden bis zum Wannenrand.

7

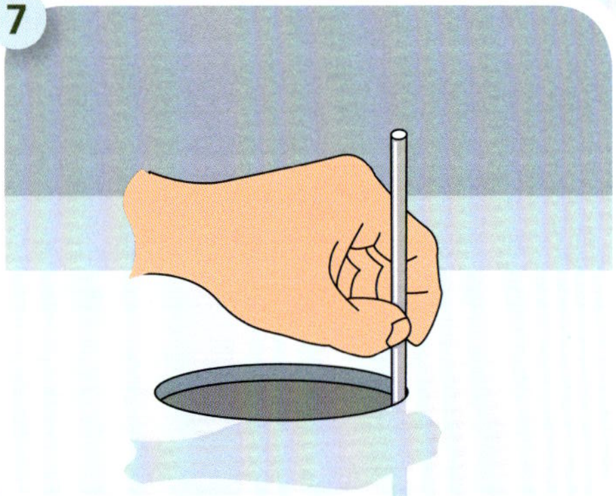

Solange die Wanne noch an der richtigen Stelle steht, markieren Sie die Position des Ablaufes durch die Ablauföffnung auf den Boden. Das erleichtert die nachfolgende Montage des Wannenablaufes.

8

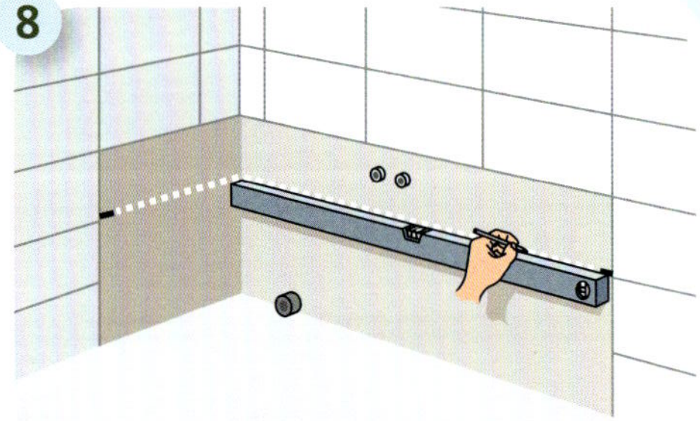

Die Wanne kann dann zur Seite gestellt werden. Zeichnen Sie auf der Höhe der Wandmarkierungen die Montagehöhe der Wannenanker an. Achten Sie auf einen absolut waagerechten Verlauf.

9

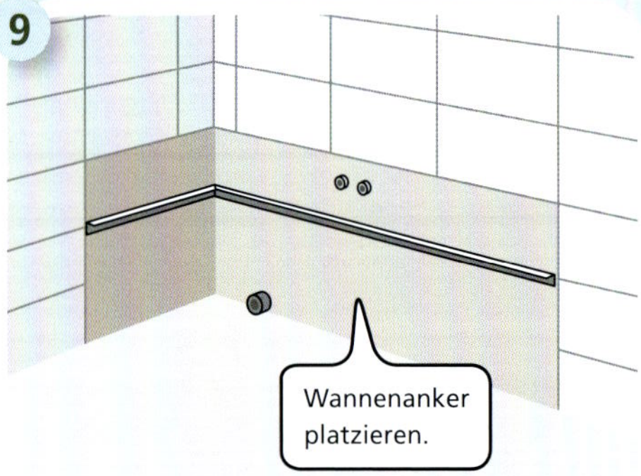

Die Wannenanker an der Markierungslinie platzieren und die benötigten Bohrlöcher anzeichnen. Nach dem Bohren und Setzen der Dübel können die Wannenanker verschraubt werden. Prüfen Sie mit der Wasserwaage nochmals den waagerechten Sitz nach.

10

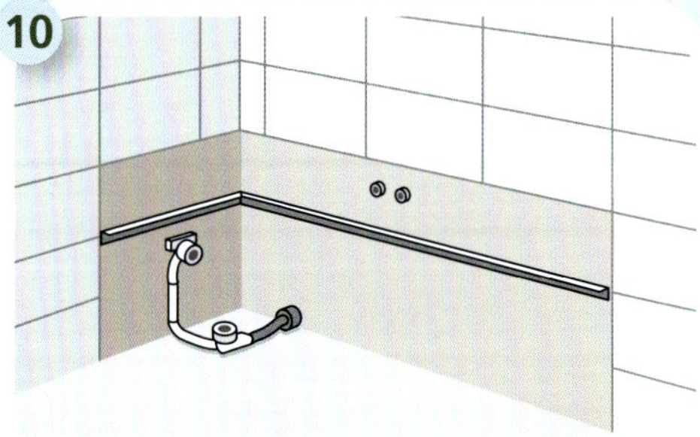

Bauen Sie den Wannenab- und überlauf so vor, dass er in den Wandanschluss eingesteckt werden kann. Die genaue Position des Wannenablaufes wurde zuvor durch die Ablauföffnung an der Wanne markiert.

11

Die Wanne kann nun an die endgültige Position gestellt werden. Die Ab- und Überlaufventile sitzen an der richtigen Stelle. Vor dem Verschrauben an der Wanne werden die benötigten Dichtringe eingelegt.

12

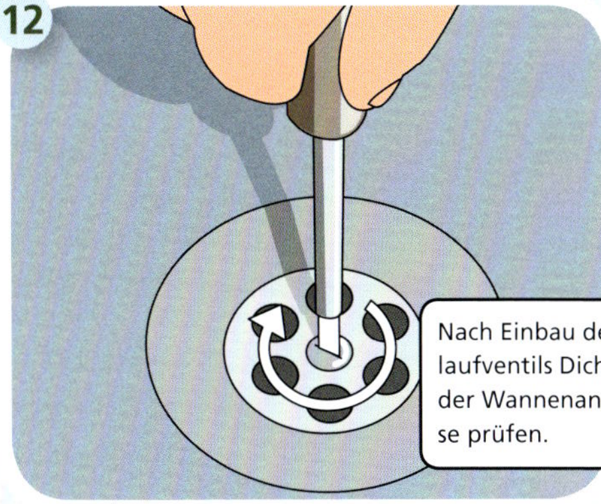

Nach Einbau des Ablaufventils Dichtheit der Wannenanschlüsse prüfen.

Das Oberteil des Ablaufventils von der Wanneninnenseite mit dem Ventilunterteil verschrauben. Anschließend das Überlaufventil ebenfalls verschrauben. Vor den weiteren Arbeiten die Wanne mit Wasser füllen und einige Tage stehen lassen.

13

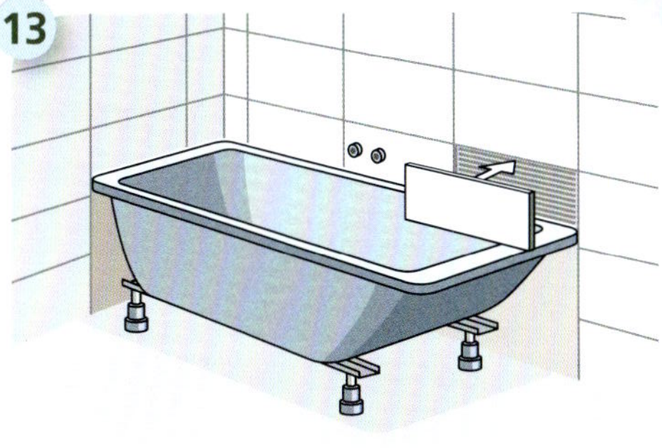

Wenn die Dichtheit der Wannenanschlüsse geprüft ist, kann der Wanneneinbau fertiggestellt werden. Die fehlenden Fliesen oberhalb der Wanne werden ergänzt. Weiterhin kann die Wanne z. B. mit Leichtbetonsteinen abgemauert und ebenfalls verfliest werden. Zum Schluss den Boden verfliesen.

14

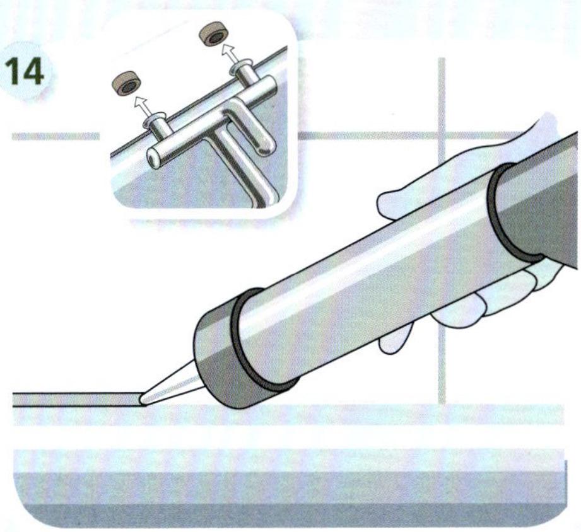

Jetzt werden die Übergänge zwischen Wanne und Fliesenbelag mit Sanitärsilikon verfugt. Zum Schluss kann die Armatur an den vorbereiteten Wandanschlüssen montiert werden. Beachten Sie die Anleitungen des Herstellers bei der Montage.

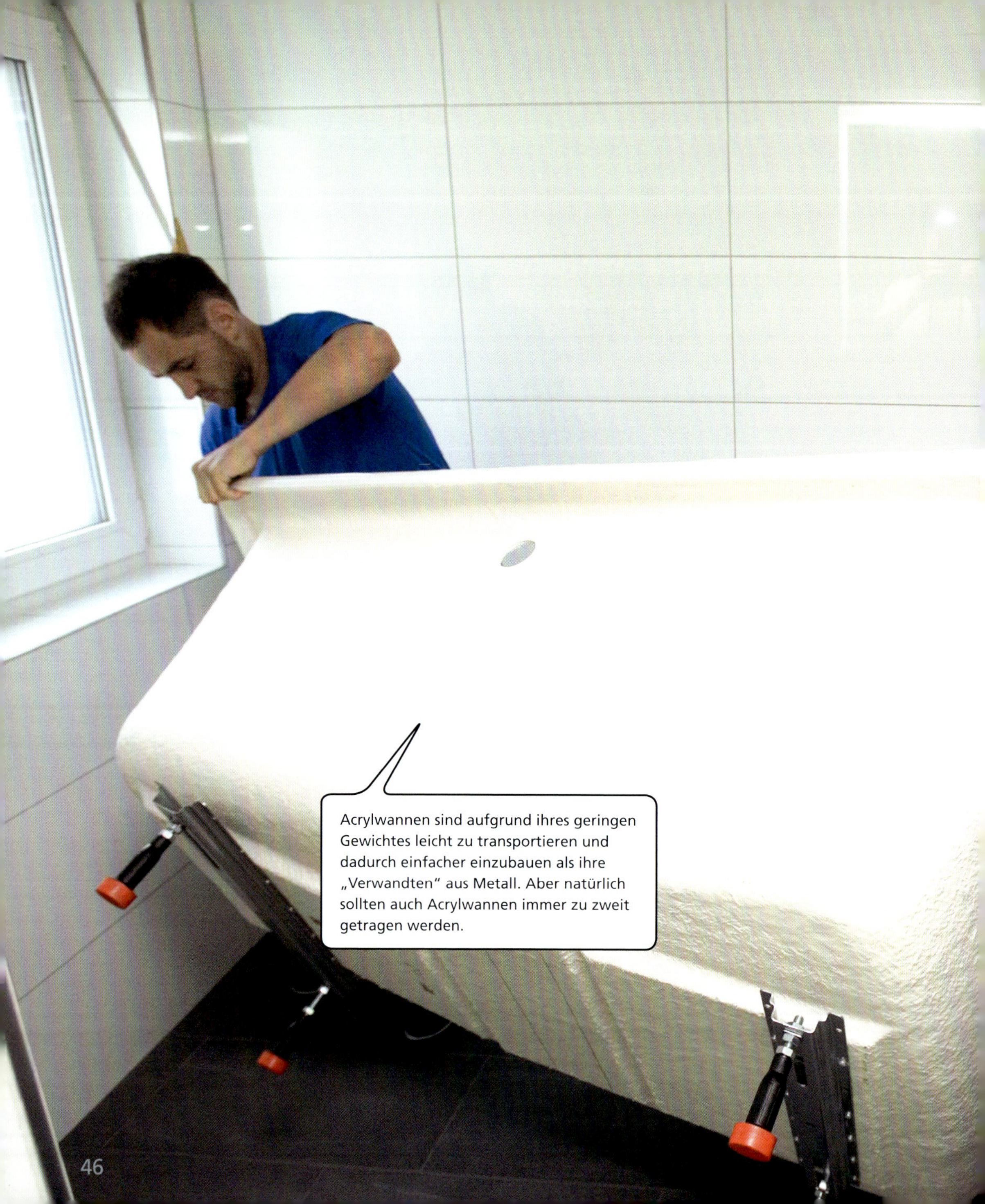

Acrylwannen sind aufgrund ihres geringen Gewichtes leicht zu transportieren und dadurch einfacher einzubauen als ihre „Verwandten“ aus Metall. Aber natürlich sollten auch Acrylwannen immer zu zweit getragen werden.

Toilette

Das „Stille Örtchen“ ist natürlich aus keinem Haus und keiner Wohnung wegzudenken. In vielen Haushalten treffen wir gleich mehrere Exemplare davon an. In der Regel wird Toiletten wenig Beachtung geschenkt, dabei brauchen wir sie mehrmals täglich und für so manchen sind es genau die Minuten, in denen mal in aller Ruhe ein Blick in die Zeitung geworfen wird.

1

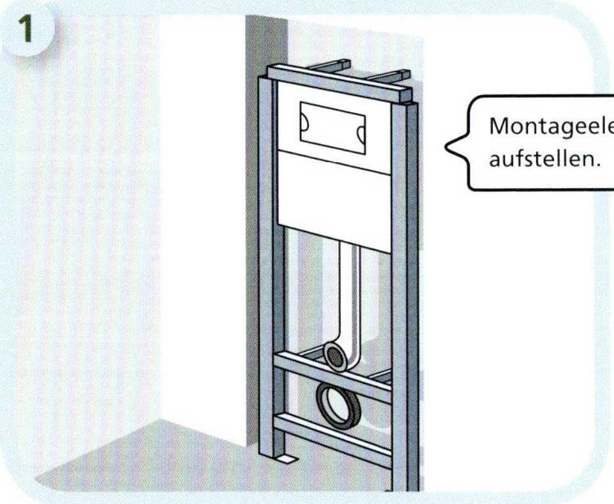

Das Montageelement für das wandhängende WC wird an der vorgesehenen Stelle aufgestellt. Je nach Einbausituation wird dieses in einer Nische „versteckt“ oder auch vor einer Wand aufgebaut.

2

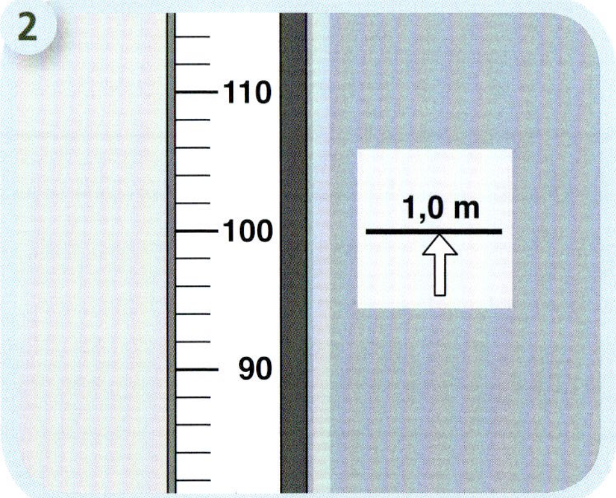

Am Rahmen des Montageelementes befindet sich eine Markierung in 1 m Höhe. Diese Markierung dient zum genauen Ausrichten der Höhe. An den vorhandenen Stellschrauben wird das Element so eingestellt, dass sich diese Markierung auf genau 1 m Höhe befindet.

3

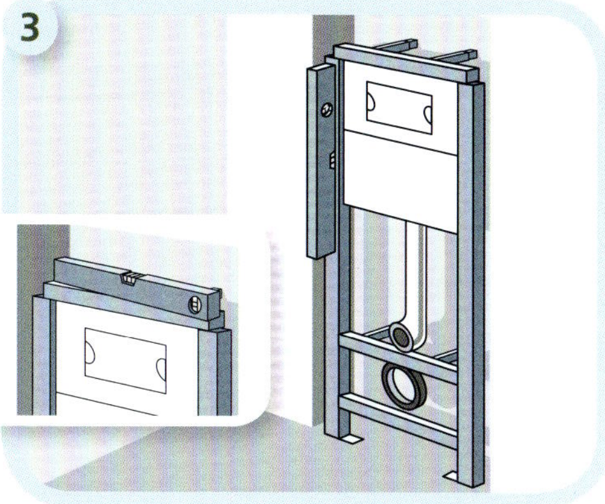

Richten Sie das Montageelement nun so aus, dass es genau waagerecht und senkrecht steht. Durch die vorhandenen Stellschrauben lässt sich die Einstellung korrigieren.

4

Zeichnen Sie nun die benötigten Bohrlöcher an den Befestigungspunkten an. Das Montageelement dann zur Seite stellen und die Befestigungslöcher bohren. Danach die Dübel setzen.

5

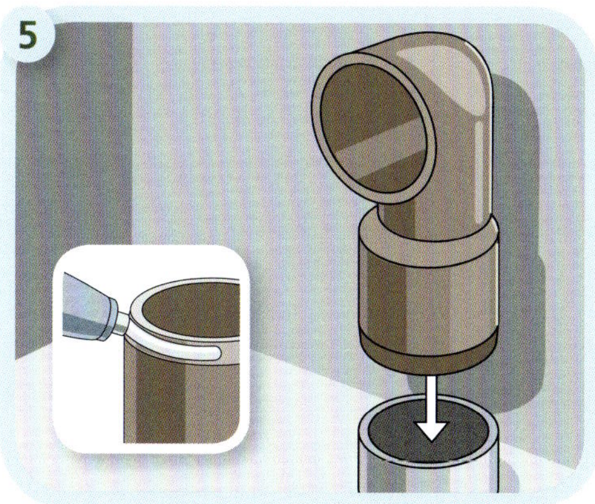

Bevor das Montageelement wieder aufgestellt wird, den Abflussrohrbogen in den Wand- bzw- Bodenanschluss einstecken. Bei Bedarf muss er in der Länge gekürzt werden, damit er nachher im Montageelement richtig eingesetzt werden kann.

6

Das Montageelement nun aufstellen und an den Befestigungspunkten verschrauben. Prüfen Sie mit der Wasserwaage nochmals die Waagerechte und Senkrechte nach. Den Abflussrohrbogen an der vorgesehenen Stelle festsetzen.

Der Spülkasten muss mit dem Wasserzulauf verbunden werden. Dabei das Unterteil vom Zulaufventil in den Spülkasten einführen und mit dem Oberteil des Ventils von der Gegenseite verschrauben. Nun den Verbindungsschlauch vom Zulaufventil mit dem Anschlussventil im Spülkasten verbinden.

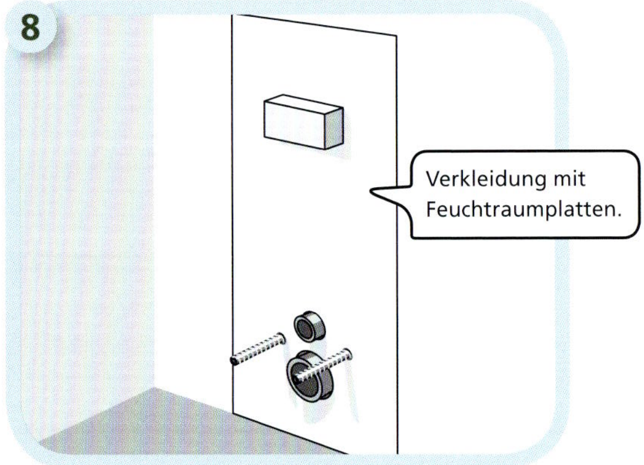

Auf die Anschlüsse kommen Rohbauschutzabdeckungen und die beiden Gewindestangen für die WC-Befestigung. Dann kann das Montageelement mit Feuchtraumplatten verkleidet werden.

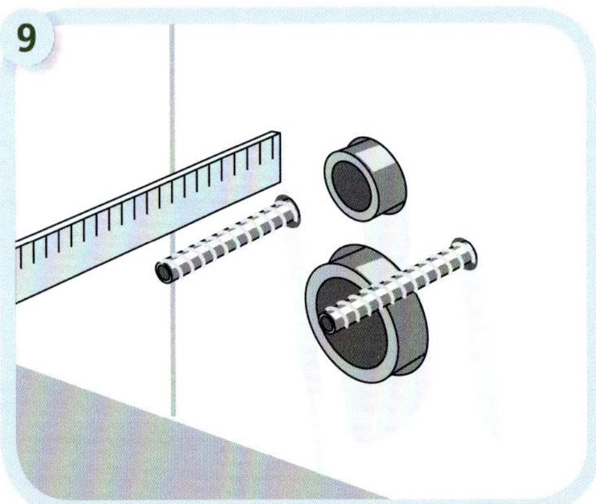

Messen Sie an der Toilette ab, wie weit die Gewindestangen herausstehen müssen. Sie können durch Ein- oder Ausdrehen auf die benötigte Länge eingestellt werden. Die Rohbauschutzabdeckungen können nun wieder entfernt werden.

Setzen Sie jetzt das Zulauf- sowie das Abflussrohr an der Toilettenrückseite ein und zeichnen Sie den Überstand auf beiden Rohren an.

11

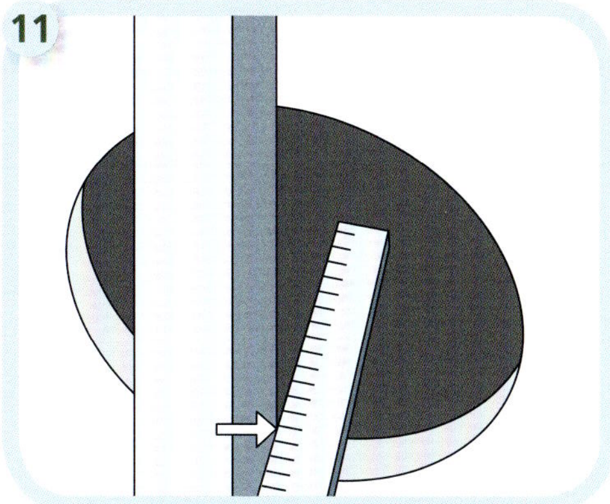

Messen Sie an den Wandanschlüssen nach, wie weit die beiden Rohre in die Wandanschlüsse hineinragen müssen.

12

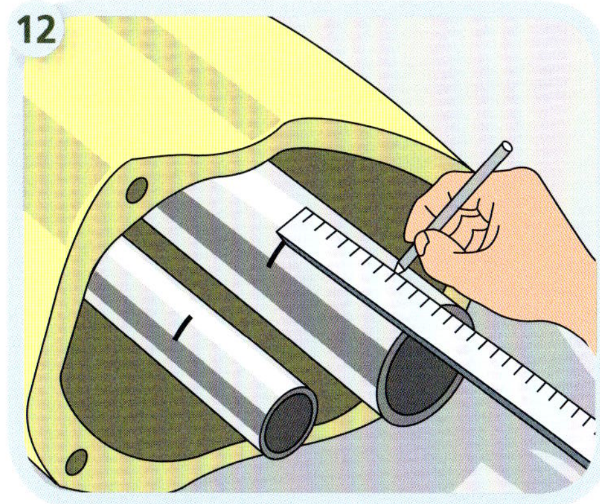

Das ermittelte Maß bei beiden Rohren übertragen Sie nun, von den beiden Markierungen ausgehend, zusätzlich auf die Rohre. Die beiden Rohre dann herausnehmen und mit einer Metallbügelsäge an den Markierungen kürzen. Den Sägegrat an den Schnittstellen entfernen.

13

Die gekürzten Rohrstutzen werden an den Verbindungsstellen mit Gleitmittel eingestrichen und in die Wandanschlüsse gesteckt.

14

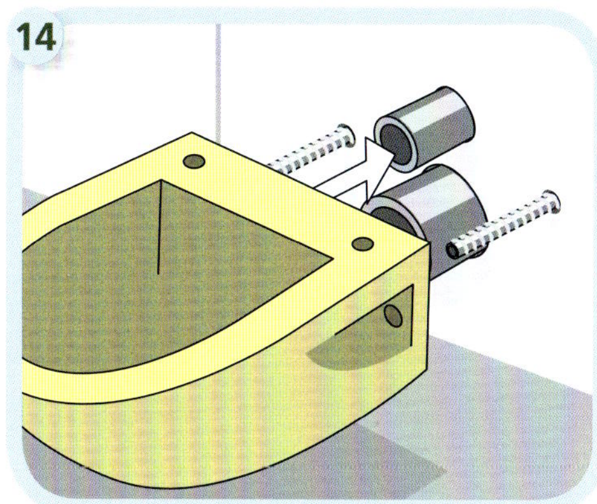

Die Toilette wird jetzt auf die Gewindestangen bis zum Anschlag an der Wand aufgesteckt.

15

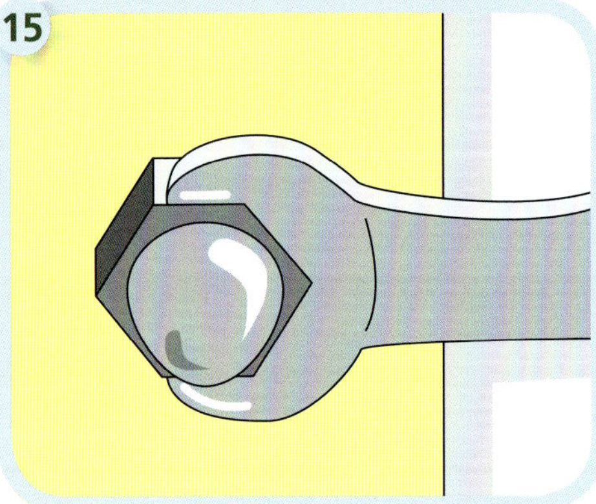

Stecken Sie die Kunststoff-Unterlegscheiben auf die Gewindestangen und schrauben die Muttern mit einem passenden Gabelschlüssel auf.

16

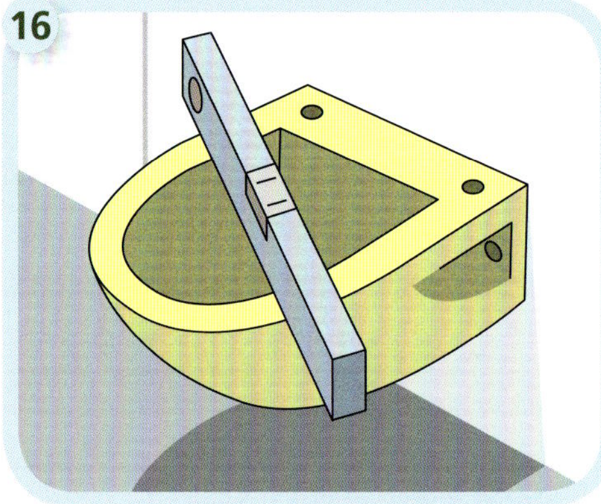

Mit der Wasserwaage die waagerechte Ausrichtung der Toilette überprüfen. Wenn alles passt, können die beiden Befestigungsmuttern endgültig festgedreht und die Abdeckungen aufgesetzt werden. Drehen Sie die Muttern nur so fest an, dass keine Spannung an der Toilette entsteht.

17

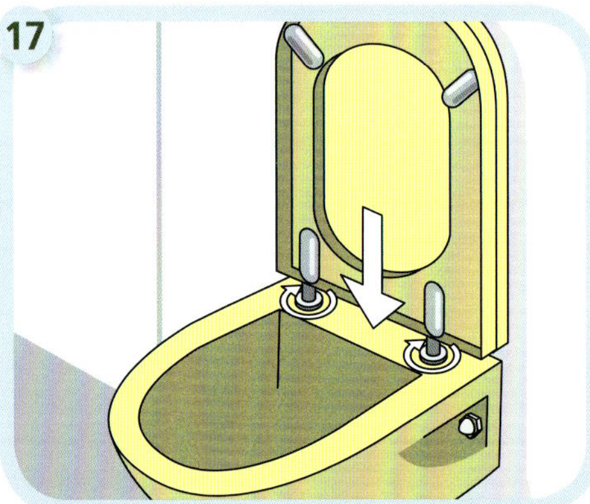

An den beiden Scharnierbolzen des WC-Sitzes die Distanzscheiben aufstecken und den Sitz mit den Bolzen in die Öffnungen an der Toilette einsetzen. Die Scharniere dann von oben oder unten, je nach Modell, festdrehen.

18

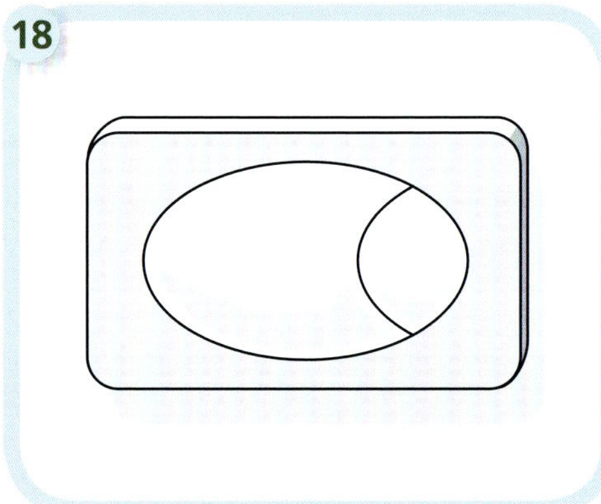

An der Betätigungsplatte die beiden Führungsstangen einsetzen und die Halterung dafür festschrauben. Die vorhandenen Kabelanschlüsse von hinten anschließen und die Betätigungsplatte aufstecken.

Werkzeug

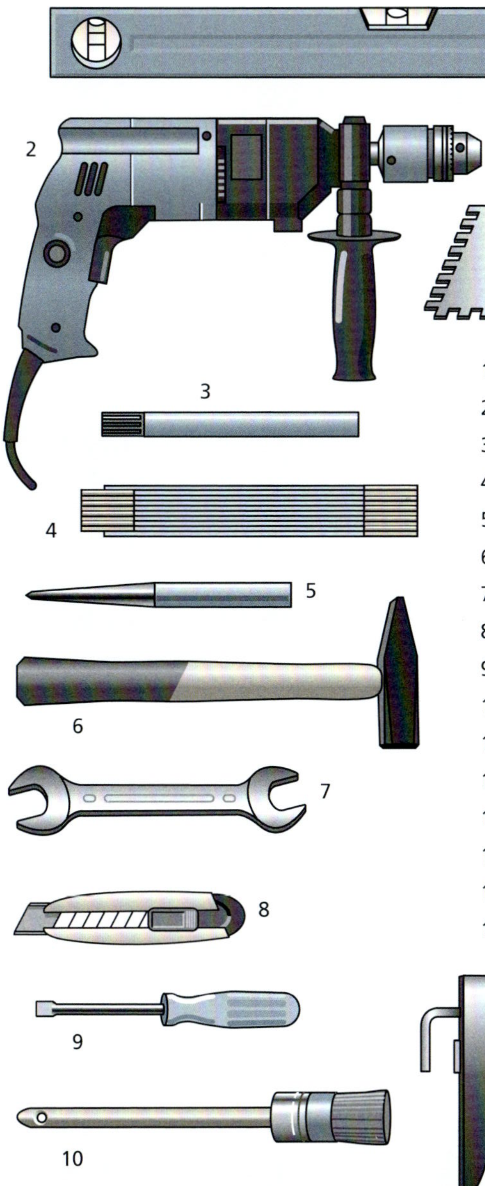

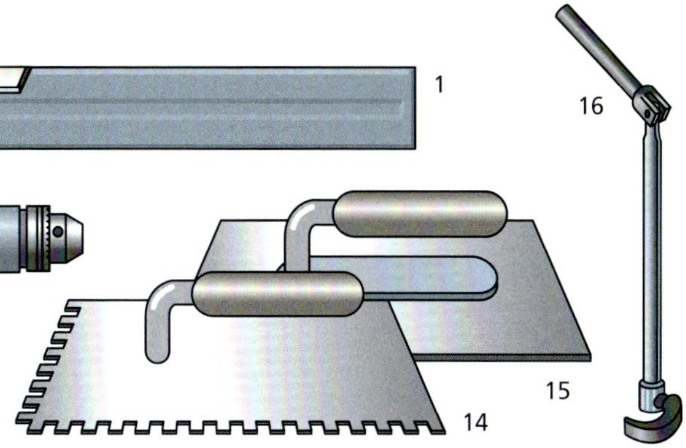

1	Wasserwaage
2	Bohrmaschine
3	Wasserfester Stift
4	Zollstock
5	Körner
6	Hammer
7	Gabelschlüssel
8	Cutter
9	Schraubendreher
10	Pinsel
11	Silikonpresse
12	Metallbügelsäge
13	Akkuschrauber
14	Zahntraufel
15	Glättkelle
16	Standhahnmutter-Schlüssel

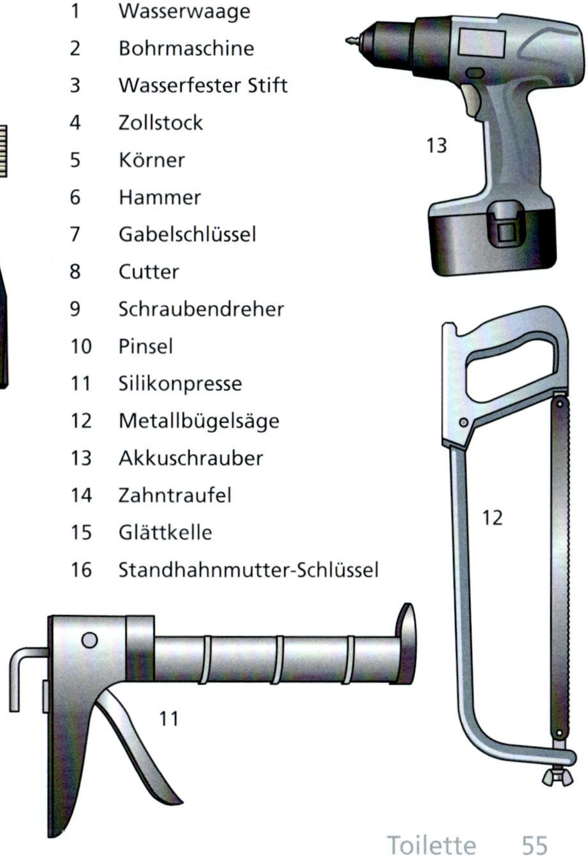

Waschbecken mit Wandmontage	58
Waschtisch aus Bauplatten	64
Waschbecken auf Waschtischplatte wandhängend	72
Wandarmatur	75
Häufig gestellte Fragen	76
Werkzeug	77

Waschbecken und Waschtisch

Waschbecken mit Wandmontage

1

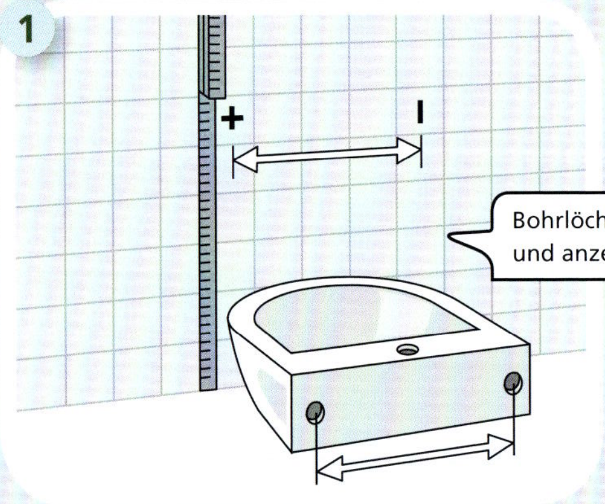

Die beiden Stellen, an denen das Waschbecken an der Wand befestigt wird, sollten genau mittig zum Abfluss liegen. Zwischen dem Boden und der Oberkante des Waschbeckens werden in der Regel 85 cm veranschlagt. Daraus ergibt sich die Höhe, in der die Bohrungen vorgenommen werden müssen.

2

Mit einer Wasserwaage stellen Sie sicher, dass die beiden Bohrungen exakt auf gleicher Höhe liegen. Nehmen Sie einen geeigneten Stift zum Anzeichnen der Markierungen.

3

Die beiden Bohrlöcher werden zunächst mit einem Körner markiert, damit der Bohrer nicht am glatten Fliesenbelag abrutscht. Gehen Sie behutsam vor, um die empfindlichen Fliesen nicht zu beschädigen.

4

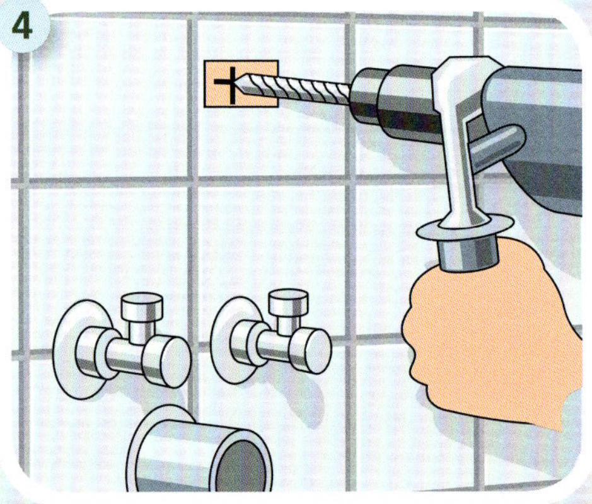

Alternativ können Sie auch ein Stück Klebeband an die Bohrstelle kleben, dies verhindert ebenfalls das Abrutschen des Bohrers. Nehmen Sie einen der Dübelgröße entsprechenden Steinbohrer und seien Sie auch hier vorsichtig, damit die Fliesen nicht brechen.

5

Für die Befestigung von Waschbecken gibt es spezielle Befestigungssätze, bestehend aus Stockschrauben, Dübeln, Metall- und Kunststoffscheiben. Befestigen Sie das Waschbecken auf keinen Fall mit anderem Befestigungsmaterial. Nachdem die Dübel eingesetzt sind, können die Schrauben eingedreht werden.

6

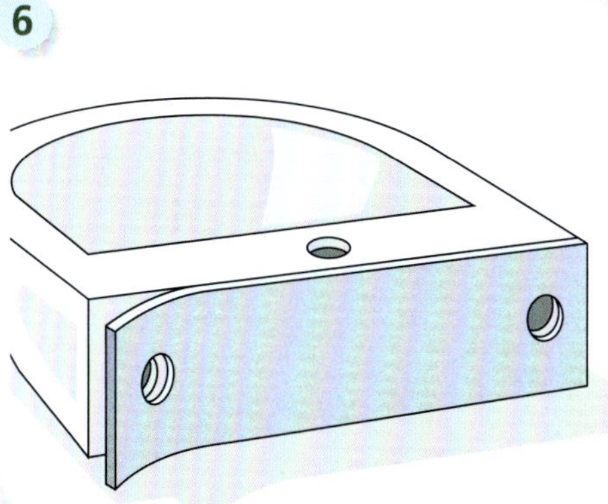

Zur Vermeidung von Materialspannungen bei einem nicht ganz ebenen Fliesenbelag und zum Entkoppeln des Waschtisches von der Mauer (um Geräuschübertragungen vorzubeugen), wird auf die Rückseite des Waschbeckens eine Schallschutzunterlage geklebt.

7

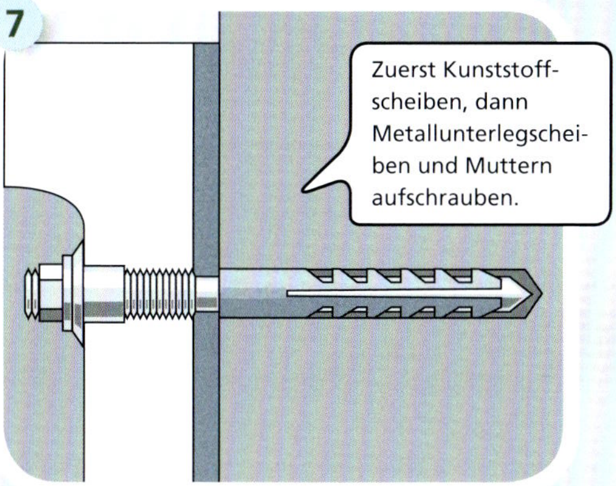

Nun wird das Waschbecken auf die beiden Stockschrauben geschoben. Stecken Sie zuerst Kunststoffscheiben auf die Schrauben. Danach kommen die Metallunterlegscheiben und die Muttern, die mit einem Schraubenschlüssel angezogen werden. Zum Schluss werden noch die Abdeckkappen aufgesteckt.

8

Die Armatur kann jetzt montiert werden. Dafür wird der obere Dichtungsring auf das Armaturenloch an der oberen Beckenseite gelegt und dann die Anschlussrohre der Armatur eingeschoben.

9

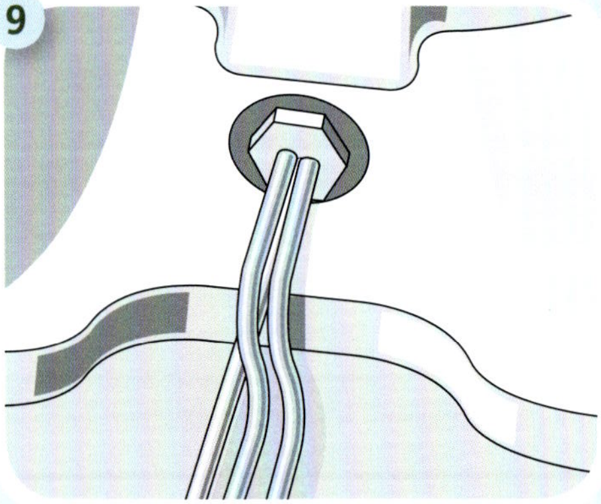

Von der Unterseite her werden nun als Erstes der untere Dichtungsring und dann die Überwurfmutter über das Armaturgewinde geschoben. Möglicherweise ist die Mutter schwer zugänglich. Dann kann ein Standhahnmutter-Schlüssel benutzt werden, um sie festzuziehen.

10

Vor dem Ablängen der Armatur sollten die Eckventilöffnungen abgedeckt werden, um das Eindringen von Sägespänen zu vermeiden. Benutzen Sie zum Kürzen einen Rohrschneider oder eine Metallsäge (Anschlussschläuche nicht kürzen). Anschließend werden die Anschlüsse auf die Ventile gesteckt.

11

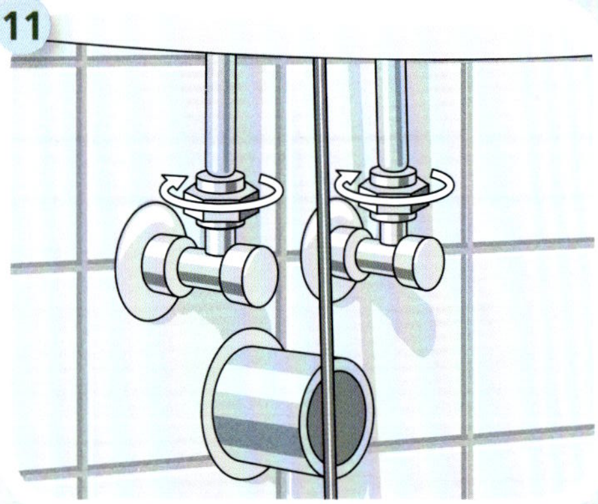

Wenn die Anschlussrohre in den Eckventilen gut sitzen, können die Verschraubungen mit den Quetschverbindungen angezogen werden.

12

Achten Sie darauf, dass die Anschlussrohre gerade in die Eckventile laufen. Wenn diese schräg eingesteckt wurden, könnte die Stelle später lecken.

13

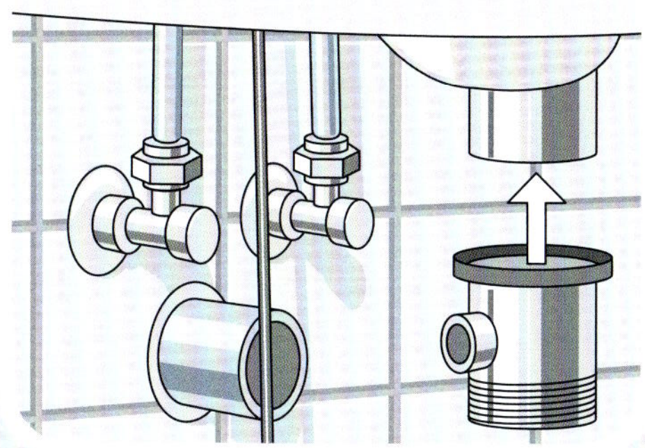

Das Ventiloberteil wird von oben in die Ablauföffnung des Beckens geschoben, nachdem ein Dichtungsring (oder Dichtschnur) darunter gelegt wurde. Das untere Ventilstück wird nun angeschraubt. Dabei ist zu beachten, dass die Öffnung für das Exzenter-Gestänge nach hinten zeigt.

14

Der Siphon wird auf das Abflussrohr gesteckt und nach oben mit dem Ablaufventil verbunden. Ziehen Sie alle Schraubverbindungen fest. Die Gelenkverschraubung wird dann mit der Exzentergarnitur verbunden und so eingestellt, dass der Verschluss optimal schließt und sich gleichzeitig gut öffnen lässt.

15

Nun kann getestet werden, ob die Verbindungen dicht sind. Schließen Sie den Ablaufverschluss, füllen das Waschbecken und prüfen, ob es irgendwo tropft. Stellen Sie für alle Fälle einen Eimer darunter. Bei Undichtheit müssen alle Verbindungen nochmal überprüft werden.

16

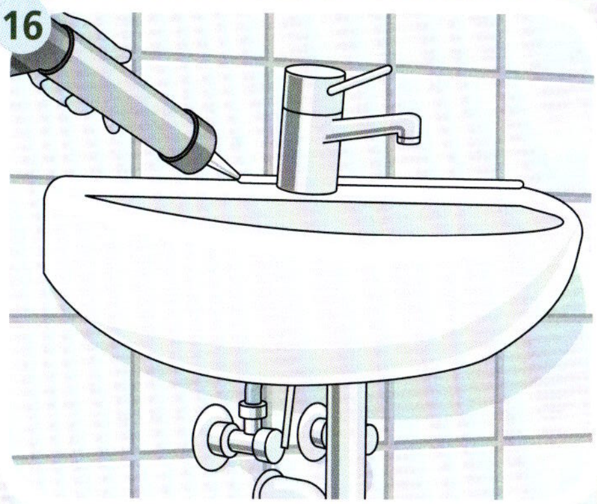

Zum Schluss kann die Fuge zwischen Waschbecken und Wand mit elastischem Sanitärsilikon verschlossen werden.

Ein Waschtisch kann auf viele Arten gebaut werden. Wir stellen Ihnen auf den folgenden Seiten zwei einfache Möglichkeiten vor. Die Unterkonstruktion wird entweder aus Bauplatten hergestellt, auf die später das Waschbecken montiert wird, oder es wird ein Waschbecken mithilfe einer Waschtischplatte und Konsolen wandhängend montiert.

Waschtisch aus Bauplatten

Diese Waschtischkonstruktion aus Bauplatten ist eine schöne Lösung, wenn zwei Waschbecken nebeneinander installiert werden sollen. Zudem schafft diese Variante unter den Waschbecken einiges an Stauraum, der für Handtücher und sonstige Badutensilien genutzt werden kann. Falls einmal beide Waschbecken komplett mit Wasser befüllt werden, ist durch die entstehende Last eine verlässliche Stabilität erforderlich. Die Konstruktion aus Bauplatten gewährleistet diese, da das Gewicht nicht an der Wand hängt, sondern in den Boden geleitet wird. In manchen Altbauten, wo man sich mitunter nicht auf die Tragfähigkeit der Wände verlassen kann, ist diese Lösung sinnvoll.

Waschbecken auf Waschtischplatte wandhängend

Ein Waschbecken, das auf einer Waschtischplatte wandhängend befestigt wird, ist eine elegante Variante. Die Waschtischplatte bietet genug Ablagefläche und ist in vielen Oberflächenfarben erhältlich. Geeignet sind z. B. Zuschnitte von Küchenarbeitsplatten oder auch fertige Waschtischplatten, die an den Seitenflächen bereits im passenden Dekor beschichtet sind.

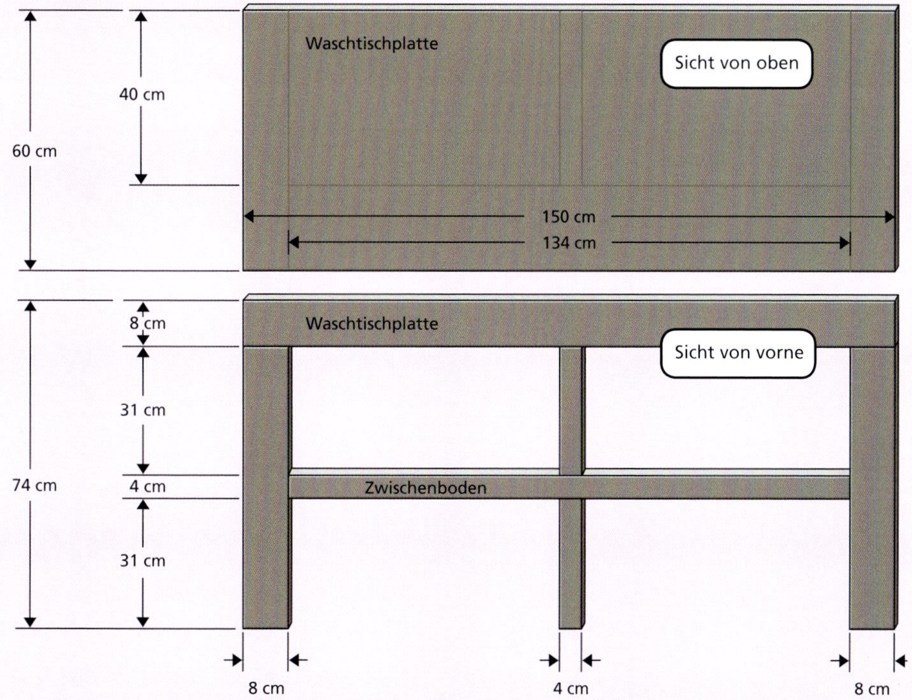

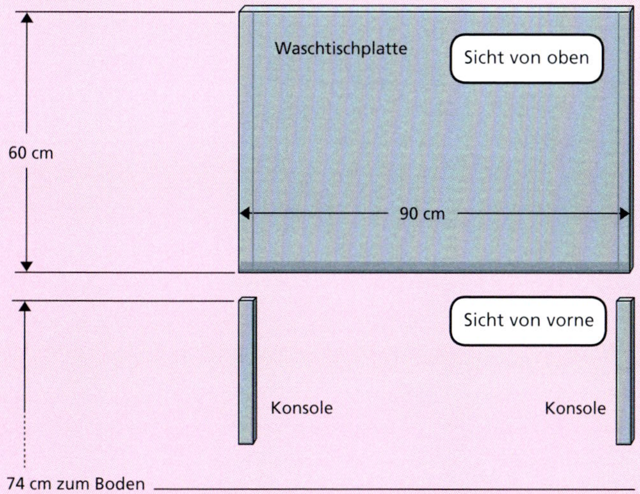

Die Abmessungen des Waschtisches sind natürlich variabel. Je nach Umgebung können Sie die Höhe, die Tiefe und vor allem die Breite der Waschtischplatte anpassen.

Waschtisch aus Bauplatten

1

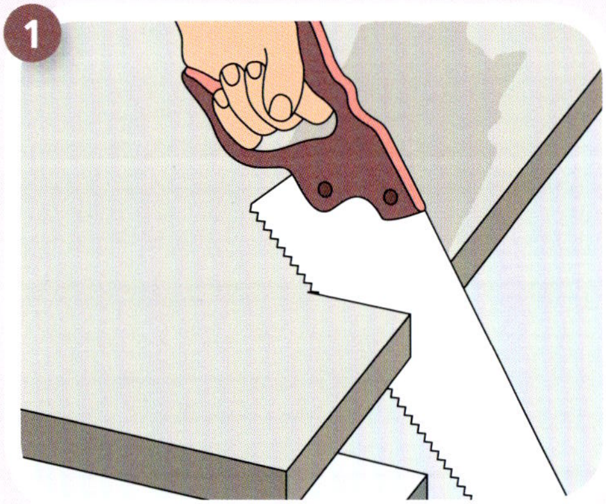

Zunächst sollten die Fliesen gewählt werden, die später den Waschtisch bekleiden. Machen Sie sich dann einen Plan und schneiden die Bauplatten mit einem Fuchsschwanz oder einer Stichsäge zu. Berücksichtigen Sie dabei die Fliesenmaße, um Verschnitt zu vermeiden.

2

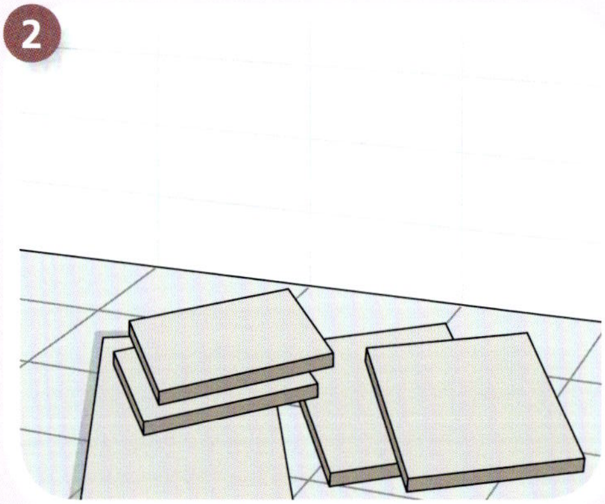

Für den hier vorgestellten Waschtisch werden zwei senkrecht stehende Platten außen und zwei in der Mitte benötigt. Zwei waagerechte Bauplatten bilden einen Zwischenboden und die Oberfläche, auf die später der Waschtisch montiert wird. Alle Abmessungen hierfür finden Sie auf der vorherigen Seite.

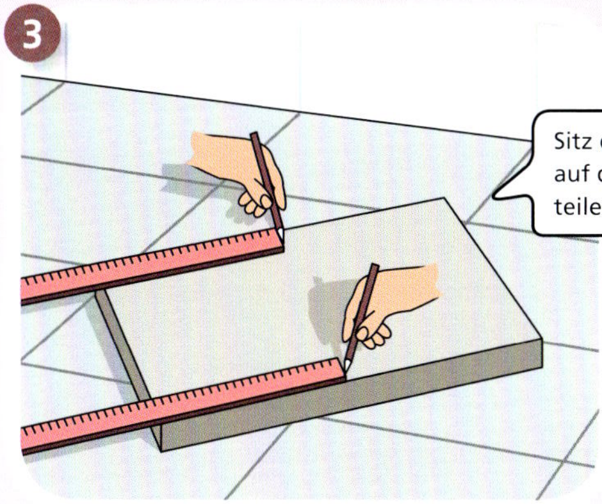

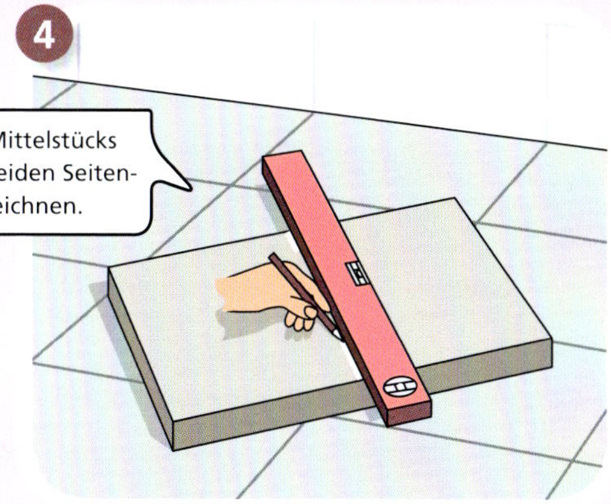

Auf den beiden Seitenstücken wird jeweils das Höhenmaß für das waagerechte Mittelstück angezeichnet. Es bietet sich an, den Zwischenboden genau auf halbe Höhe zu setzen. Sie können sich aber auch hier wieder nach den Fliesenmaßen richten, um Verschnitt zu vermeiden.

Die Markierungen können mithilfe einer Wasserwaage, einer Metallschiene oder eines langen Lineals und eines Bleistiftes verbunden werden.

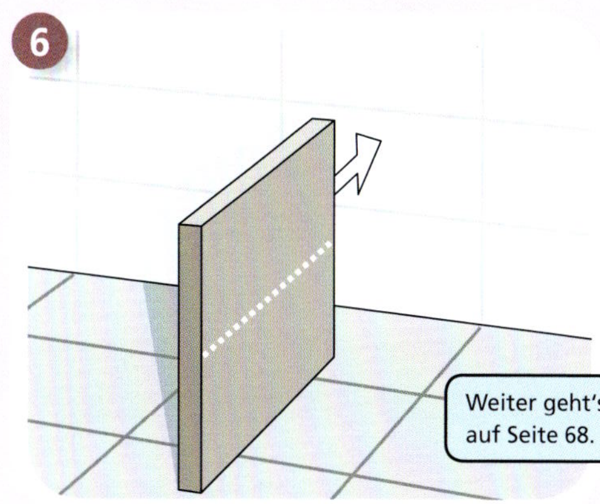

Weiter geht's auf Seite 68.

Die beiden Seiten der Bauplatten, die zur Wand und zum Boden hin montiert werden, müssen mit Montagekleber bestrichen werden.

Stellen Sie die beiden Seitenteile an ihre spätere Position, die vorher auf den Fliesen markiert werden sollte. Drücken Sie die Platten fest, bis der Kleber anfängt zu härten.

Bauplatten gibt es, je nach Anforderung, in verschiedenen Stärken.

Bauplatten sind auch in dieser speziellen Variante erhältlich. Sie sind von hinten in regelmäßigen Abständen geschlitzt und können so in beliebige Formen gebogen werden.

7

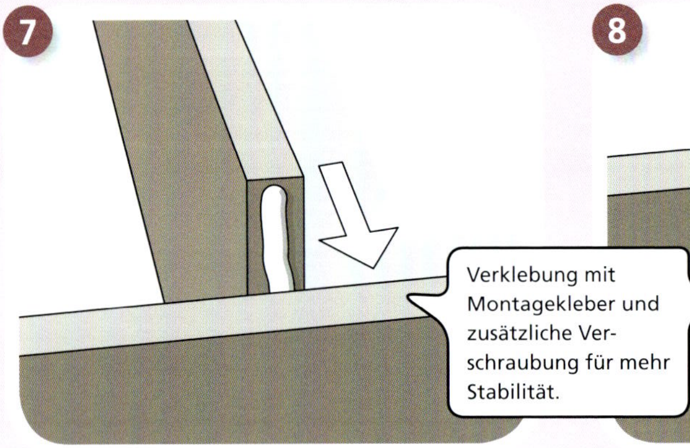

Als Nächstes wird das „Innenleben" des Waschtisches zusammengebaut. Bestreichen Sie die aufeinander stoßenden Teile mit Montagekleber.

8

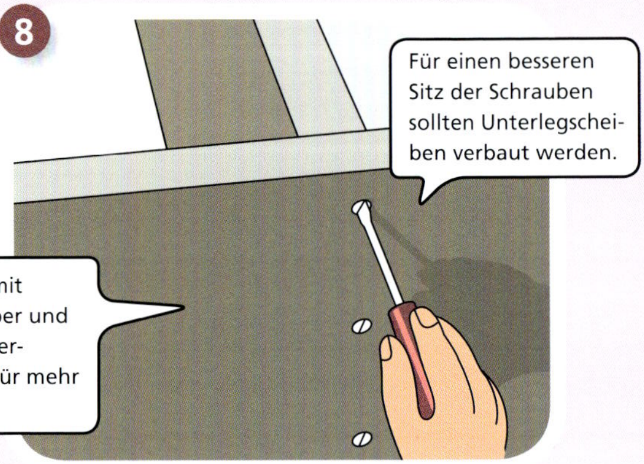

Diese Stellen werden zur Sicherheit zusätzlich miteinander verschraubt. Um das Einreißen der Bauplatten zu verhindern, bohren Sie die Stellen, in welche die Schrauben eingedreht werden, am besten vor.

9

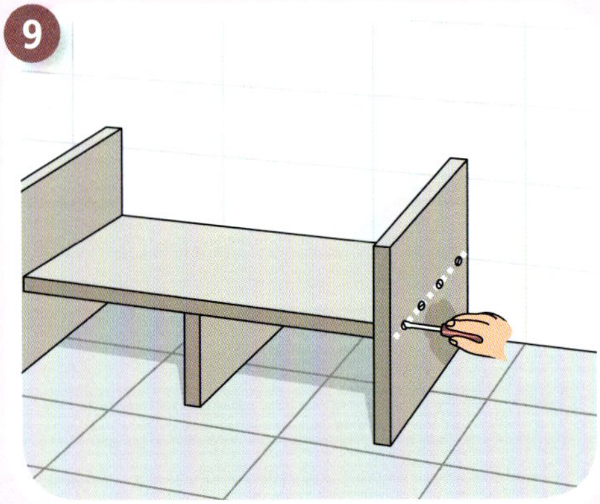

Jetzt können die verschraubten Platten zwischen die bereits montierten Seitenteile gestellt werden. Bestreichen Sie auch hier zunächst wieder die Stirnseiten, die auf die anderen Platten treffen mit Montagekleber. Von außen wird das Mittelstück nun an die Seitenteile geschraubt.

10

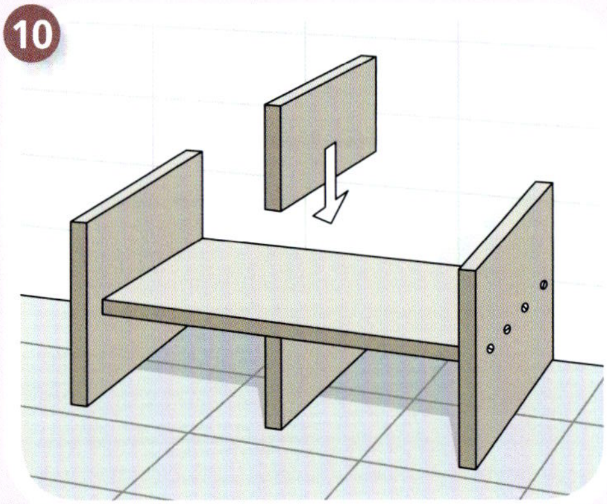

Das letzte senkrechte Stück wird nun platziert. Streichen Sie es, wie die anderen Teile, vorher mit Montagekleber ein.

11

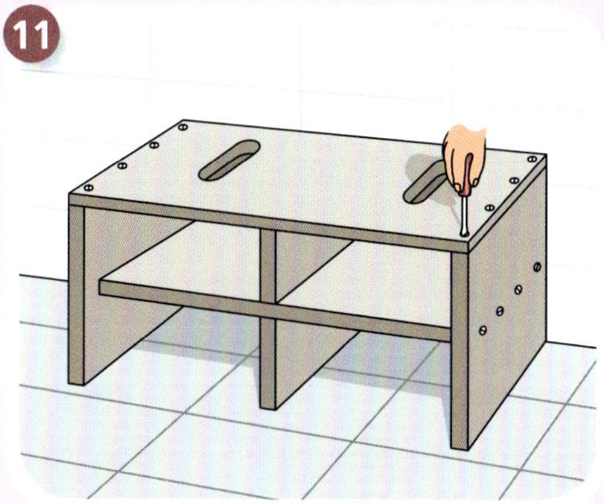

Mit einem Kreisschneideaufsatz werden Löcher in die Deckplatte gesägt, durch die später die Anschlüsse der Waschbecken geführt werden. Die Deckplatte wird zur Wand hin und nach unten mit Montagekleber versehen. Mit den senkrechten Stützplatten wird die Deckplatte nun verschraubt.

12

Alle Schnittkanten und Klebeverbindungen werden nun mit selbstklebendem Armierband verstärkt, auf das zusätzlich mit einem Pinsel verdünnter Sicherheitskleber aufgetragen wird.

13

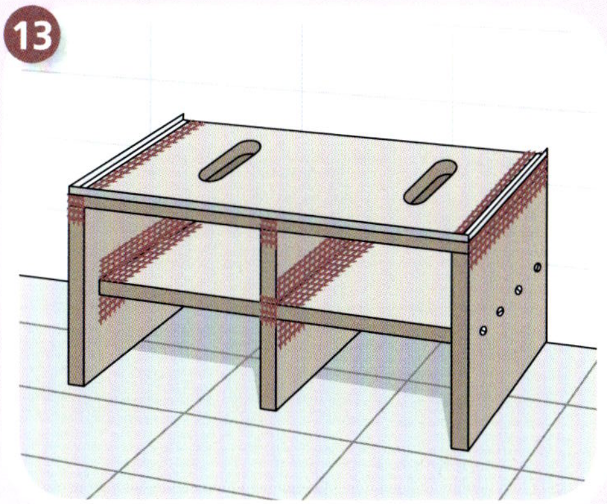

Zur Vermeidung von scharfen Kanten, die durch die Fliesen entstehen können, werden die Ränder des Waschtisches mit Metallschienen eingefasst. Diese können mit einer Metallbügelsäge auf die richtige Länge geschnitten werden. Drücken Sie die Schienen dann in das

14

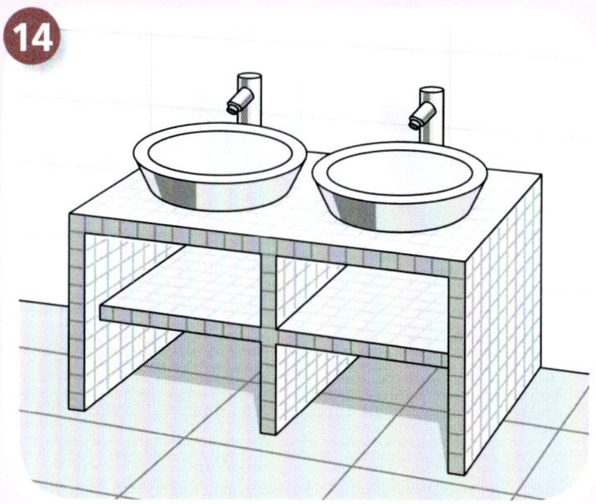

für die Fliesen aufgetragene Kleberbett. Nun kann der Waschtisch verfliest werden. Zum Schluss werden die Waschbecken und die dazugehörigen Armaturen montiert und angeschlossen.

Doppelte Waschbecken müssen nicht unbedingt als zusammenhängender Block konstruiert werden.

KLAFS

Waschbecken auf Waschtischplatte wandhängend

Der Waschtisch wird von zwei Rechteck-Konsolen getragen. Die Breite der Waschtischplatte gibt den Abstand der beiden Konsolen vor. Bei den Konsolen sind meist auch die Schrauben und Dübel für die Befestigung in massivem Mauerwerk dabei. Beachten Sie, dass die Wandbeschaffenheit stets eine ausreichende Stabilität gewährleistet. Natürlich müssen die Konsolen auf gleicher Höhe sitzen, aber auch der lotrechte Sitz ist wichtig. Prüfen Sie diesen mit einer Wasserwaage und markieren Sie die Bohrlöcher. Im Bereich der Bohrlöcher dürfen keine Leitungen in der Wand verlegt sein.

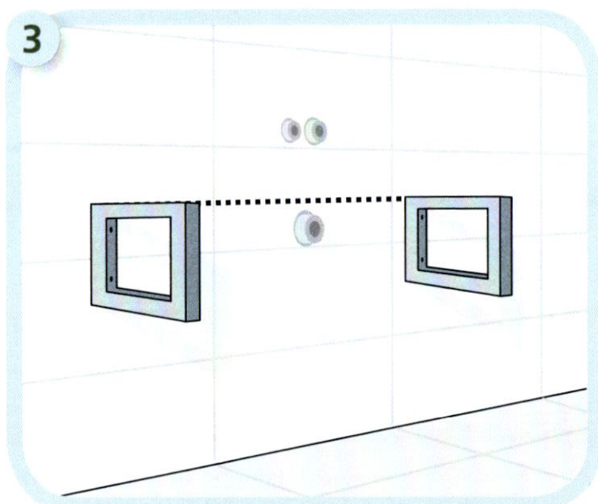

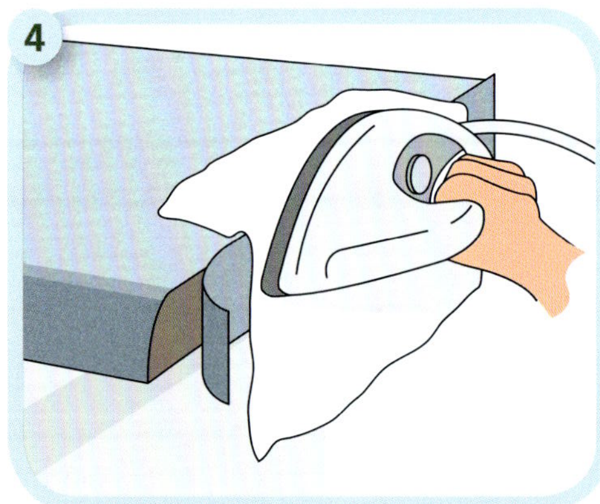

Körnen Sie die Bohrstellen zunächst vor, damit der Steinbohrer besser greift und bohren Sie dann vorsichtig, um die Fliesen nicht zu beschädigen. Anschließend werden die Dübel eingesetzt und dann können die Konsolen stabil an der Wand verschraubt werden.

Nachdem die Waschtischplatte auf die gewünschte Breite zugesägt wurde, können die passenden Furniere auf die Seiten aufgebügelt werden. Verwenden Sie dazu ein Tuch, um die Furniere nicht durch den direkten Kontakt mit dem Bügeleisen zu verschmoren.

Ermitteln Sie nun die Mitte der Waschtischplatte, markieren Sie diese und sägen mit einer Bohrmaschine mit Kreisschneider das Loch, durch das später die Anschlüsse geführt werden.

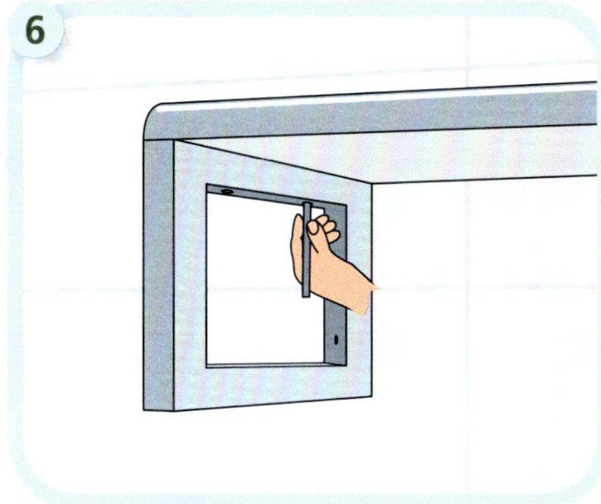

Wenn die Platte auf die Konsolen gelegt und an ihren genauen Platz gerückt wurde, können von unten die Bohrlöcher an den dafür vorgesehenen Stellen markiert werden.

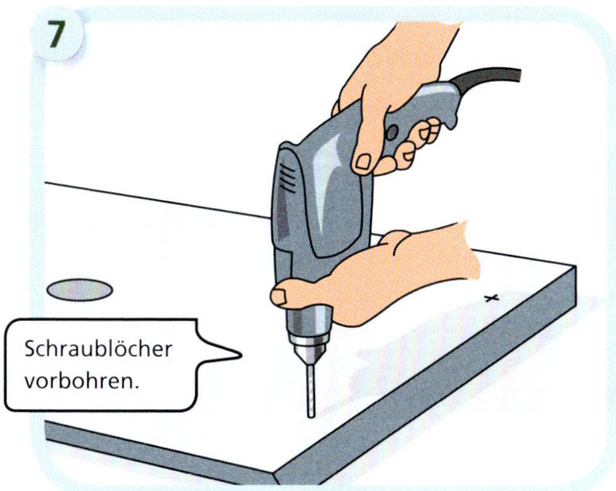

Nun muss die Waschtischplatte wieder von den Konsolen genommen werden, damit die vier markierten Bohrungen mit einem Holzbohrer vorgenommen werden können.

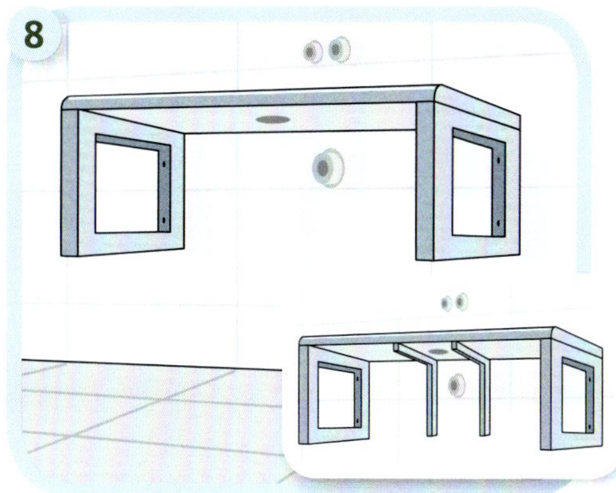

Die Waschtischplatte wird dann wieder auf die Konsolen gelegt und verschraubt. Für zusätzliche Stabilität sorgen zwei Winkel, die nachträglich von unten mit der Platte und an der Wand verschraubt werden.

9

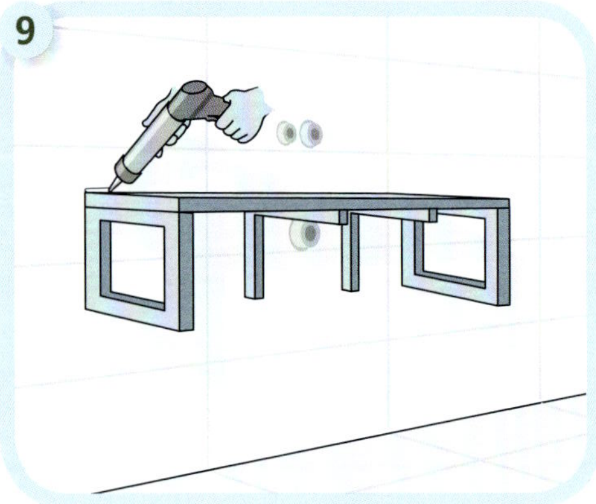

Mit dauerelastischem Sanitärsilikon wird die Fuge zwischen Wand und Waschtischoberkante ausgespritzt. Die Fuge kann mit einem Fugenspachtel geglättet werden.

10

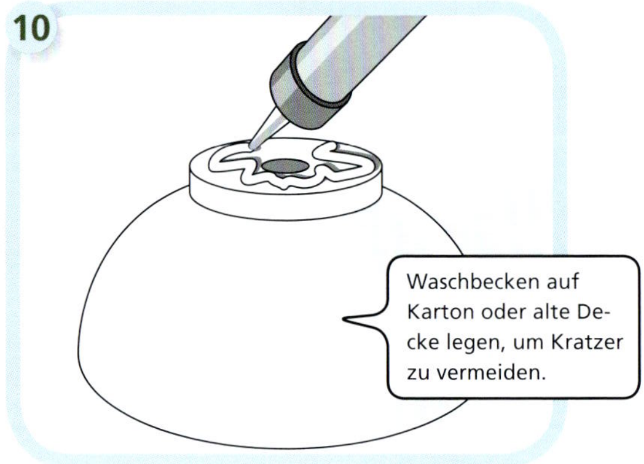

Bevor das Waschbecken an seine eigentliche Position auf dem Waschtisch gestellt werden kann, wird es umgedreht und von unten mit Sanitärkleber eingestrichen.

11

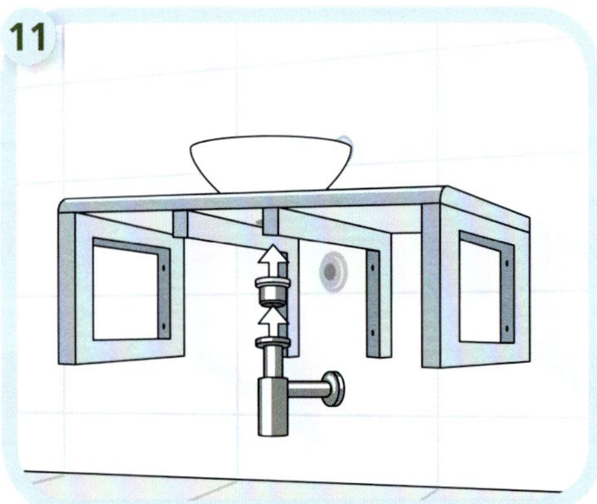

Jetzt können alle Anschlüsse von unten an das Waschbecken und der Siphon an die Wand montiert werden.

12

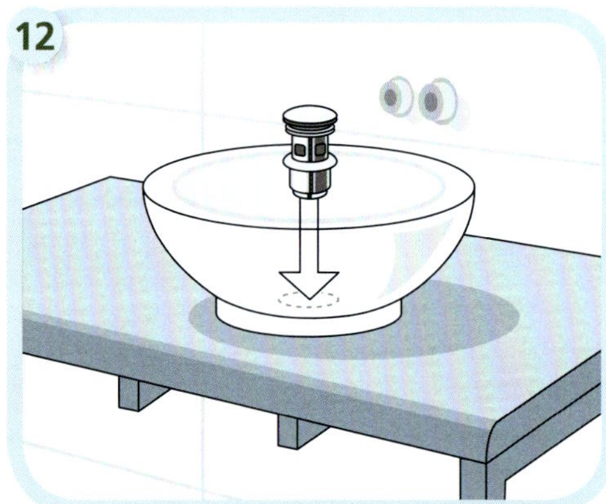

Von oben wird jetzt das Abflussstück in die Waschbeckenöffnung geschoben und mit dem von unten kommenden Teil verschraubt.

Wandarmatur

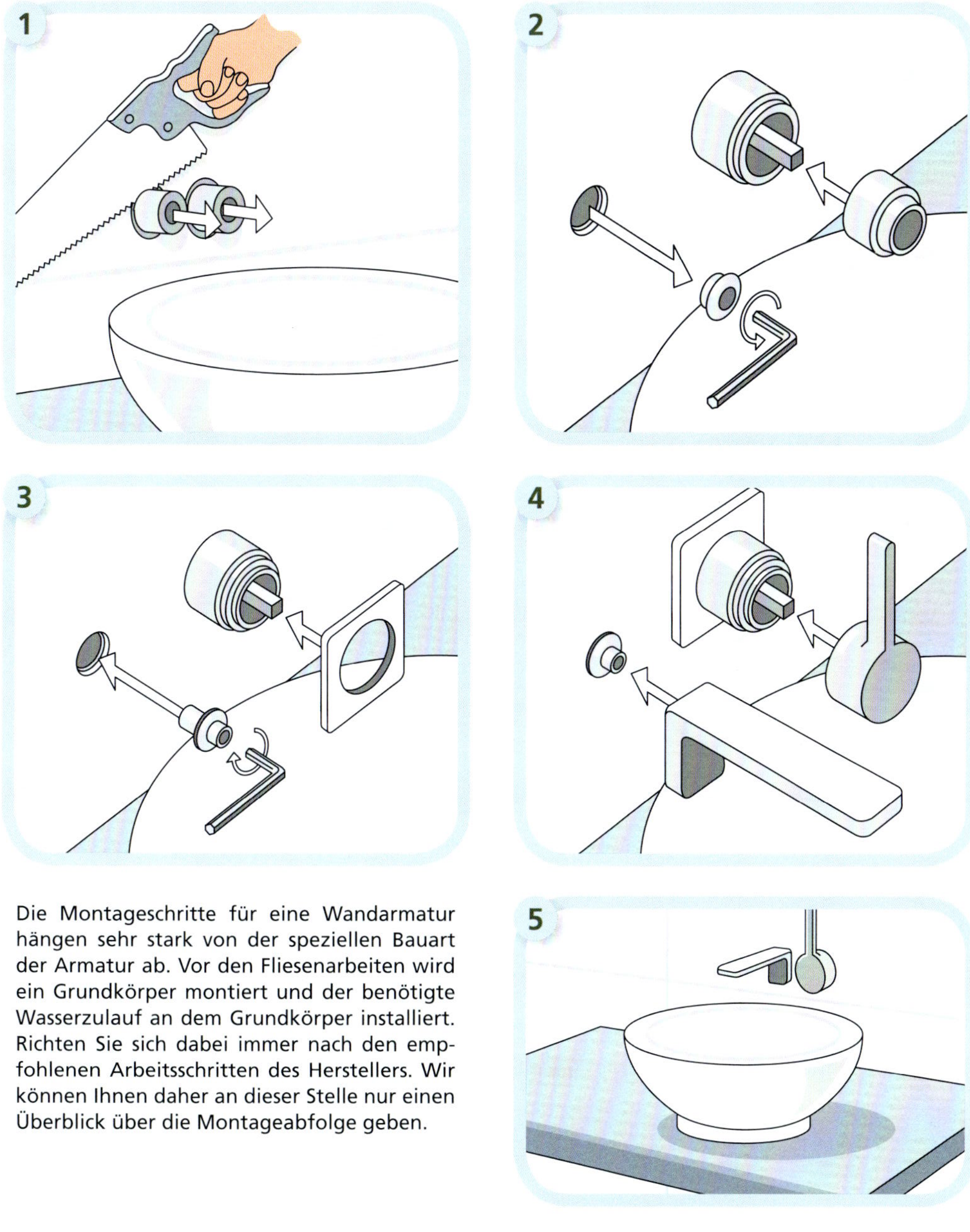

Die Montageschritte für eine Wandarmatur hängen sehr stark von der speziellen Bauart der Armatur ab. Vor den Fliesenarbeiten wird ein Grundkörper montiert und der benötigte Wasserzulauf an dem Grundkörper installiert. Richten Sie sich dabei immer nach den empfohlenen Arbeitsschritten des Herstellers. Wir können Ihnen daher an dieser Stelle nur einen Überblick über die Montageabfolge geben.

Häufig gestellte Fragen

Warum sollte bei Einbau einer Duschwanne ein Wannendichtband verwendet werden?

Auch wenn ein Abdichten mit Sanitärsilikon an der Duschwanne erfolgt, so bringt das Dichtband eine zusätzliche Abdichtung. Die Silikonnaht kann im Laufe der Zeit undicht werden. Weiterhin reduziert das Wannendichtband eine Schallübertragung auf die Wände.

Was ist eine Duschtasse?

Duschtasse ist nur ein anderes Wort für Duschwanne, also keine Tasse zum Trinken in der Dusche.

Was ist besser, Wannenfüße oder Wannenträger?

Wannenfüße haben den Vorteil, dass sie durch die einzelnen, verstellbaren Füße an einen unregelmäßigen Untergrund angepasst werden können. Sie sind auch preiswerter als ein Wannenträger. Wannenträger aus Styropor benötigen einen ebenen Boden zum Aufstellen. Für die jeweilige Bade- oder Duschwanne muss ein passender Wannenträger gewählt werden. Der große Vorteil ist, dass dieser eine optimale Schallreduktion und Wärmeisolierung bietet. Auch muss die Wanne nicht abgemauert werden, damit sie verfliest weden kann. Das Verfliesen erfolgt auf dem Styroporträger.

Müssen schwere Menschen auf eine wandhängende Toilette verzichten?

Eine wandhängende Toilette ist auch für schwerere Menschen geeignet. Es kommt aber bei der Montage darauf an, dass die Wand eine ausreichende Tragfähigkeit hat und alle Verbindungen ordnungsgemäß ausgeführt wurden. Auch der Fliesenbelag, an dem das Becken montiert ist, muss fest verklebt sein. Es kann natürlich auch mal ein Materialfehler vorliegen und die Keramik reißen, aber so etwas kommt zum Glück selten vor.

Muss man zum Bau eines Waschtisches den Fliesenbelag zuerst fertigstellen?

Nein, wenn man den Bau des Waschtisches rechtzeitig einplant, ist es sogar noch besser. Die benötigten Bauplatten können an der verputzten Wand ideal befestigt werden. Nachteilig ist allerdings, dass man bei den Fliesenarbeiten an der Wandfläche mehr Schnittarbeit hat. Auch ein nachträgliches Entfernen ist dann fast nicht mehr möglich, weil die Fliesen an der Montagestelle ausgespart sind.

Benötigt man für einen selbstgebauten Waschtisch spezielle Waschbecken?

Es muss nur für die Aufsatzmontage geeignet sein. Es gibt auch Becken, die zusätzlich auch für einen versenkten Einbau oder eine Wandbefestigung geeignet sind.

Werkzeug

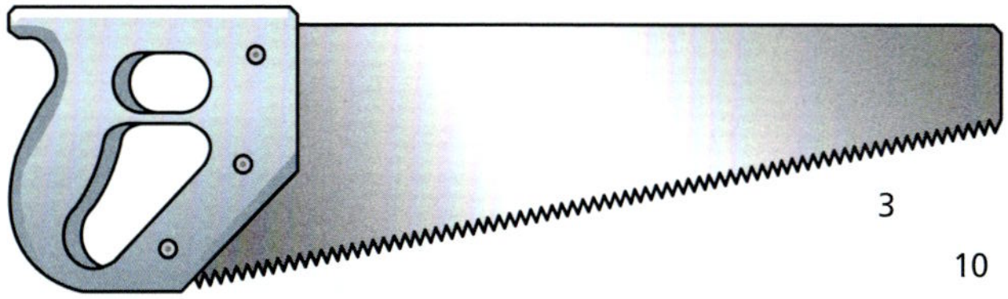

3

10

1

2

1 Zollstock
2 Bleistift
3 Fuchsschwanz
4 Bohrmaschine
5 Holzbohrer
6 Schraubendreher
7 Bügeleisen
8 Kreisschneider
9 Kartuschenpresse
10 Wasserwaage

7

5

6

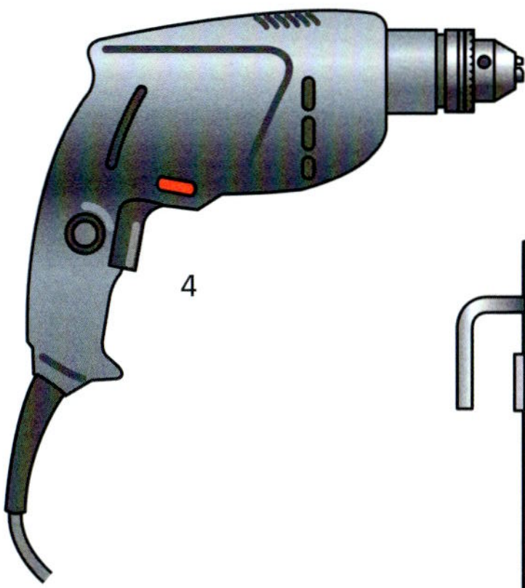

4

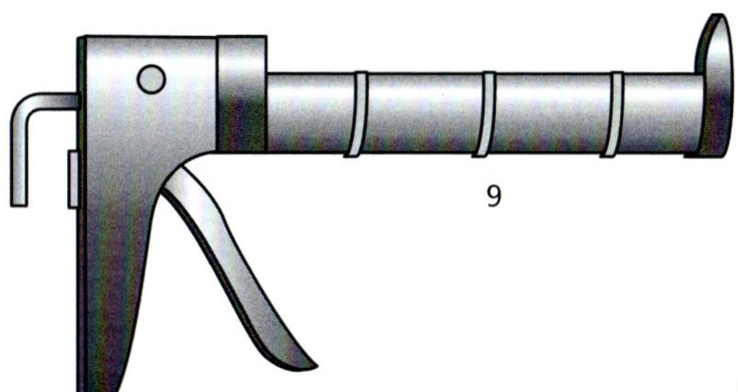

9

8

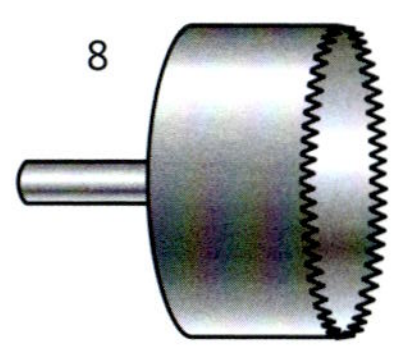

Zum Montieren von Wandarmaturen benötigen Sie eventuell weiteres Werkzeug wie z. B. Inbusschlüssel. Beachten Sie hierzu die individuelle Montageanleitung des Armaturenherstellers.

Stichwortverzeichnis

A

Abdeckkappe 59
Abdeckrosetten 18
Abfluss 12, 14, 16, 24, 58
Abflussrohr 26, 51, 52, 61
Abflussrohrbogen 51
Ablaufloch 11
Ablauföffnung 28, 44, 61
Ablaufrinne 22, 24, 25, 26, 27
Ablaufventil 12, 45, 61
Acrylwanne 8, 10, 46
Anschlussabstand 18
Anschlussprofil 33, 34
Anschlussrohr 58
Anschlussschlauch 58
Anschlussventil 52
Armatur 19, 31, 42, 45, 59, 60, 69, 75
Ausgleichestrich 29
Ausgleichsschüttung 29

B

Badewanne 40, 42, 43, 44, 45
Bauplatte 62, 64, 65, 66, 67, 68, 76
Befestigungsflansch 34
Befestigungspunkt 19, 24, 51
Befestigungssatz 59
Betätigungsplatte 54
Bodenablauf 28
Bodenanschluss 51
Bodenaussparung 28, 29
Bodengleiche Dusche 21, 22, 24
Brausestange 18, 19

D

Dachschräge 35
Dichtband 9, 13, 18, 27, 30
Dichtheit 12, 16, 26, 45, 61
Dichtlippen 34
Dichtring 19, 29, 45
Dichtungsanstrich 30
Dichtungspad 25
Dichtungsring 59, 60, 61
Drehtür 33, 35
Dreiflankenhaftung 38
Dünnbettabdichtung 27
Duschabtrennung 9, 31, 32, 33, 35, 36, 38
Duscharmatur 9, 18, 19
Duschelement 22, 23, 28, 29, 30, 31
Duschtasse 76
Duschwanne 8, 9, 10, 11, 12, 13, 14, 15, 16, 76
Duschwanne montieren 8

E

Eckeinstieg 37
Eckventilöffnungen 60
Einbauhöhe 14
Elastische Fugen 38
Entkoppeln 59
Entwässerung 22
Entwässerungsleitung 26
Estrichboden 24
Exzenter-Gestänge 61

F

Feuchtraumplatten 52
Fugenspachtel 38, 74
Fünfeckdusche 37

G

Gelenkverschraubung 61
Geräuschübertragung 25, 59
Gewindestange 52, 53, 54
Gleitfolie 25

H

Hartschaum 10
Höhenversatz 28

I

Installationsleitungen 9, 11, 24

K

Konsole 62, 63, 72, 73
Kreisschneider 73, 77

L

Leichtbetonstein 45
Leitungsgefälle 12
Linienentwässerung 8, 22

M

Materialspannung 59
Montageelement 50, 51, 52
Montagekleber 15, 65, 68, 69
Mosaikfliese 23, 31

N

Nassestrich 26
Natursteinmosaik 21
Nischentüren 36

P

Polygonalmosaik 31
Punktentwässerung 8, 23, 28

Q

Quetschverbindungen 60

R

Randdämmstreifen 24, 26
Revisionsöffnung 14, 15, 16
Rinnenanschluss 24
Rinnenflansch 27
Rohbauschutzabdeckung 52
Rohrschneider 60
Rollstuhlbefahrbar 31
Runddusche 37

S

Sanitärkleber 74
Sanitärsilikon 12, 13, 27, 31, 35, 38, 45, 61, 74, 76
S-Anschluss 18
Schallbrücke 13, 25
Schallschutzunterlage 59
Schallübertragung 43, 76
Schimmelbildung 38
Sicherheitskleber 69
Silikonentferner 38
Siphon 61, 74
Spülkasten 52
Stahlwanne 8, 10, 14
Standfuß 10
Standhahnmutter-Schlüssel 55, 60
Stellfuß 12
Stellschraube 50, 51
Stockschraube 59
Styroporträger 76

T

Tragfähigkeit 62, 76
Traverse 42, 43
Trittschalldämmung 25

V

Ventiloberteil 61

W

Waagerechter Ablauf 28
Wandanschluss 10, 14, 18, 23, 24, 26, 44, 45, 53
Wandanschlussleiste 11, 12
Wandanschlussprofile 32, 33
Wandarmatur 75, 77
Wandbeschaffenheit 72
Wandhängend 50, 62, 72, 76
Wandmontage 58
Wannenablauf 14, 44
Wannenanker 44
Wannenanschlüsse 45
Wannendichtband 13, 15, 43, 76
Wanneneinbau 45
Wannenfuß 8, 42, 43, 76
Wannenträger 8, 10, 14, 15, 16, 76
Waschbecken 58, 59, 61, 62, 69, 70, 72, 74, 76
Waschtisch 57, 59, 60, 61, 62, 63, 64, 65, 67, 68, 69, 71, 72, 73, 74, 75, 76
Waschtischplatte 62, 63, 72, 73
WC-Befestigung 52
WC-Sitz 54

Z

Zulaufventil 52

Bildnachweis
Zeichnungen: Ulli Bomans
Fotos: Titel fhmedien_de © www.fotolia.de, S. 5 o DeVIce © www.fotolia.de, S. 18 o © Alis Gheorghe Leonte / 123RF, S. 36-37 Kasia Bialasiewicz © www.fotolia.de, S. 64 l Jackoboard, S. 66-67 alle Jackoboard, S. 70-71 Jackoboard, S 76 DeVIce © www.fotolia.de

Alle übrigen Bildrechte liegen bei den Autoren.

Danksagung
Wir danken der Firma Bernd Fuchs Heizungsbau für die Durchsicht und Ratschläge bei den dargestellten Arbeitsschritten. Ein weiterer Dank auch an die Firma Jackoboard für das zur Verfügung gestellte Bildmaterial.

Bibliografische Information der Deutschen Bibliothek
Die Deutsche Bibliothek verzeichnet diese Publikation in der Deutschen Nationalbibliografie; detaillierte bibliografische Daten sind im Internet über http://dnb.ddb.de abrufbar.

ISBN 978-3-944821-01-6

Druck: Freiburger Graphische Betriebe
Printed in Germany